农业市场结构与绿色农业发展探究

李赋中 著

电子科技大学出版社
University of Electronic Science and Technology of China Press

图书在版编目（CIP）数据

农业市场结构与绿色农业发展探究 / 李赋中著. —成都：电子科技大学出版社，2023.7
ISBN 978-7-5770-0387-0

Ⅰ. ①农… Ⅱ. ①李… Ⅲ. ①农业经济－市场结构－研究②绿色农业－农业发展－研究 Ⅳ. ①F30

中国国家版本馆CIP数据核字(2023)第121642号

农业市场结构与绿色农业发展探究
NONGYESHICHANG JIEGOU YU LVSENONGYE FAZHANTANJIU

李赋中 著

策划编辑	罗国良
责任编辑	罗国良

出版发行　电子科技大学出版社
　　　　　成都市一环路东一段159号电子信息产业大厦九楼　邮编 610051
主　　页　http://www.uestcp.com.cn
服务电话　028-83203399
邮购电话　028-83201495

印　　刷	北京京华铭诚工贸有限公司
成品尺寸	170mm×240mm
印　　张	10.5
字　　数	230千字
版　　次	2023年8月第1版
印　　次	2024年1月第1次印刷
书　　号	ISBN 978-7-5770-0387-0
定　　价	78.00元

版权所有，侵权必究

前言

21世纪是建立绿色生态文明的时代,发展绿色农业实质是一场新的产业革命和技术革命,是人类进入绿色生态文明时代的重要标志。当前我国农业再次面临道路和模式的选择。我国是一个农业人口比例高、资源相对短缺、生态比较脆弱、环境保护形势相当严峻的发展中国家,研究绿色农业基本理论问题,就是要用探索农业市场结构新的发展模式和新的经营理念来促进农业现代化,提高农产品竞争力,探索如何实现农业的可持续发展和农业的生态系统平衡与良性循环,探索以人为本的科学发展观,构建和谐社会,促进与推动现代农业市场结构的发展与绿色农业建设的新举措。

在这样的背景下,本书在对农业结构与市场区域布局演变特征进行概述的基础上,探讨了农业结构的现状与问题、农业结构转型的必要性、绿色农业发展的新挑战与新思路、绿色农业发展的科学理论、绿色农业发展与中国农产品市场结构演进以及绿色农业市场经济可持续发展等,有助于更好地优化当代的农业市场结构,使我们在新的绿色农业环境下更好地发展农业生产。

当前,发展绿色农业面临着良好机遇。党中央提出了建设社会主义新农村的重大战略任务,这为发展绿色农业提供了极为重要的政策环境;国家采取退耕还林、退田还湖、退牧还草以及治理污染、保护环境等重要举措,为发展绿色农业创造了有利条件;党的二十大报告指出,"中国式现代化是人与自然和谐共生的现代化",明确了我国新时代生态文明建设的战略任务,总基调是推动绿色发展,促进人与自然和谐共生。所以我们一定要抓住机遇,总结实践经验,把绿色农业推向新阶段,扩大覆盖面,造福子孙后代。

《农业市场结构与绿色农业发展探究》中所要探讨的问题,都具有相当大的难度,因此,在撰写过程中借鉴了相关资料,笔者在此向有关人员表示诚挚的谢意。尽管笔者尽了最大的努力,但仍可能会存在不尽如人意之处,恳请广大读者批评指正。

作　者

2023 年 3 月

目 录

第一章 农业市场结构与市场区域布局演变特征 …………………………… 1

    第一节 种植业结构与市场区域布局 ……………………………………… 2

    第二节 畜牧业结构与市场区域布局 ……………………………………… 6

    第三节 渔业与林业结构与市场区域布局 ………………………………… 9

第二章 农业市场结构的现状与问题 ……………………………………… 13

    第一节 农业市场集中度的现状与问题 …………………………………… 14

    第二节 农产品差别化的现状与问题 ……………………………………… 22

    第三节 农业市场壁垒的现状与问题 ……………………………………… 24

第三章 农业市场结构的优化 ……………………………………………… 27

    第一节 农业市场结构优化的目标与定位 ………………………………… 28

    第二节 农业市场结构优化的发展方向 …………………………………… 29

第四章 绿色农业发展的科学理论 ………………………………………… 35

    第一节 绿色农业发展的内涵与特征 ……………………………………… 36

    第二节 绿色农业发展的理论框架 ………………………………………… 39

    第三节 绿色农业发展的外延 ……………………………………………… 45

    第四节 绿色农业发展的系统研究方法 …………………………………… 49

    第五节 绿色农业发展的评价体系 ………………………………………… 60

第六节 绿色农业发展的科技创新 …………………………………… 76

第五章 绿色农业发展与中国农产品市场结构演进 ……………………… 83

第一节 农产品市场结构 ………………………………………………… 84
第二节 绿色农业发展与农产品市场结构演进 ………………………… 86
第三节 绿色农产品市场界定 …………………………………………… 92
第四节 绿色农产品市场结构优化 ……………………………………… 94

第六章 绿色农业市场经济的可持续发展 ………………………………… 109

第一节 绿色农业市场经济价值 ………………………………………… 110
第二节 绿色农业市场化发展战略 ……………………………………… 117
第三节 人口、资源、环境与绿色农业市场可持续发展 ……………… 128
第四节 绿色农业市场经济可持续发展的制度创新 …………………… 137
第五节 绿色农业市场经济可持续发展的保障措施 …………………… 145

第七章 绿色农业发展的新挑战与新思路 ………………………………… 151

第一节 我国绿色农业发展的挑战与趋势 ……………………………… 152
第二节 我国绿色农业发展的新思路 …………………………………… 156

参考文献 …………………………………………………………………… 159

第一章
农业市场结构与市场区域布局演变特征

第一节　种植业结构与市场区域布局
第二节　畜牧业结构与市场区域布局
第三节　渔业与林业结构与市场区域布局

农业市场结构是产业组织理论分析农业产业的出发点，合理的农业产业市场结构可以促进竞争，提高农业生产者在市场上的竞争力，提升农业在与其它地区乃至国外农业竞争中的竞争力。而在总体的农业产值结构中，占比最多的是种植业，其次是畜牧业，然后是渔业、林业和其他副业，在当前的经济背景下，本章分析了种植业、畜牧业、渔业和林业的产业结构、空间分布和农业生产的地域组合，旨在进一步提高农业产品质量和市场竞争力。

第一节 种植业结构与市场区域布局

种植业是人类社会赖以生存的基本产业部门。种植业区划包括粮、棉、油、糖、麻、烟、茶、桑、果、菜、药、杂等不同类型作物的生产条件、分布组合和发展方向的地域分异特点，以及各个区域发展不同类型种植业生产的适宜程度的研究，从而为合理开发利用农业资源、调整种植业生产结构和布局、选建农作物商品生产基地、制定种植业生产规划提供科学依据。

一、我国种植业结构、布局的现状及其发展方向

我国种植业生产结构，基本上以生产粮食为主体，围绕着粮食作物和经济作物及其他作物进行布局和安排。尤其在进入21世纪后，我国农业生产能力得到了很大提升，粮食总产量连上新台阶，这为我国粮食安全提供了坚实的物质基础和供给保障。

中国一直是全球粮食主要生产国之一，根据国家统计局数据显示：2021年中国粮食播种面积为1.18亿公顷，较2020年增加了863千公顷；产量为6.83亿吨，较2020年增加了1,336万吨，产量再创历史新高，连续10年产量破6亿吨。①

(1) 主要粮食作物的现状与发展方向

稻、麦、玉米是我国主要粮食作物。小宗粮食作物如豆类、谷子等常被人们视为低产作物，因而面积有所压缩，近年有所增长。今后，应继续调整粮食作物

---

① 数据来源：2021年中国粮食种植面积及产量分析 http://www.jsppa.com.cn/news/xinwen/6336.html。

的生产布局，适当调整粮食作物内部结构。我国的粮食生产除少量商品性生产和品种调剂之外，应基本就地解决自给，避免远距离大调大运。在主攻粮食亩产的同时，也要注意改善品质，逐步提高小麦、玉米、大豆的比重，增种谷子、高粱和小杂豆，充分发挥稻麦增产潜力，把粮食作物和豆科养地作物适当搭配起来。

(2) 主要经济作物的现状与发展方向

大田经济作物具有种类繁多，分布面广，种植分散，技术性强，商品率较高的特点。棉花面积和产量波动大，布局发生明显变化，突出表现在新疆棉区的崛起；油料作物中，油菜和向日葵近年来扩大也很多；糖料作物种植面积也有所增加。但棉花、油料、大豆、糖料仍不能满足需要。烟草面积增加较多，但质量不高。今后，应进一步调整经济作物布局和结构。我国的经济作物生产，应择优种植、适当集中，以提高单产和品质为主，建立各种类型、各具特色的集中产区。

(3) 茶、桑、果树等多年生经济作物的现状与发展方向

我国茶区分散，管理粗放，以致茶叶品质下降，花色品种不对路，需加以调整；桑蚕历史悠久，丝绸是传统的外贸出口商品，无论产茧量或产丝量都遥居世界领先地位，但目前产区分散，重量轻质，因此量多质差，布局不当；我国果树资源丰富，发展快，栽培区广，目前栽培面积不小，但投产面积所占比重小，单产水平低，今后，应在逐步改造茶、桑(柞)、果园的同时，创造条件，适当扩大面积，主攻单产，改善品质，加强科学管理，提出新的生态和种植适宜区，选建高产优质商品生产基地。

二、我国种植业区的划分

中国种植业主要分布在400mm等降水量线以东地区，即在东部湿润、半湿润的平原和盆地。比如东北平原、华北平原以及长江中下游平原等。中国种植业以秦岭—淮河为界限划分南方和北方。

(一) 东北大豆、春麦、玉米、甜菜区

东北区是中国种植业主要区域之一，是中国春小麦和大豆商品粮主要基地，主要经济作物有甜菜、亚麻等，辽东半岛和"辽西走廊"是中国苹果和梨的商品基地之一，该区主要包括大小兴安岭区、三江平原区、松嫩平原区、长白山区、辽宁平原丘陵区、黑吉西部区。

(二) 北部高原小杂粮、甜菜区

北部高原区气候比较干燥，降雨量少，以旱粮为主，农牧交替，是中国旱地

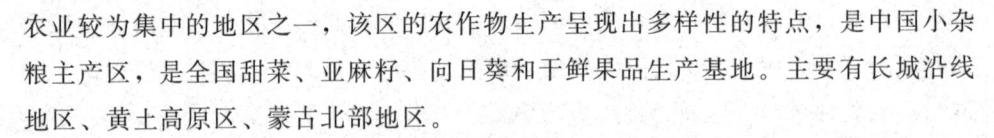

农业较为集中的地区之一,该区的农作物生产呈现出多样性的特点,是中国小杂粮主产区,是全国甜菜、亚麻籽、向日葵和干鲜果品生产基地。主要有长城沿线地区、黄土高原区、蒙古北部地区。

(三)黄淮海棉、麦、油、烟、果区

黄淮海区是中国冬小麦、玉米、甘蔗、大豆以及棉花的主产区之一,在全国占有重要地位主要包括燕山太行山山麓平原区、冀鲁豫低洼平原区、黄淮平原区、山东丘陵区、汾渭谷地豫西平原区。

(四)长江中下游稻、棉、油、桑、茶区

长江中下游区是中国水稻主产区,棉花、油菜、花生、芝麻的种植面积也比较广,还盛产茶叶、蚕桑,是中国商品粮、棉、麻等商品基地。主要包括长江下游平原区、鄂豫皖丘陵山地区、长江中游平原区。

(五)南方丘陵双季稻、茶、柑橘区

南方丘陵区以双季稻为主,同时也是茶叶、油茶、柑橘、烟草等木本经济作物主产区。主要包括江南丘陵区、南岭山地丘陵区。

(六)华南双季稻、热带作物、甘蔗区

华南区是中国双季稻的主产区和唯一的热带作物产地,也是甘蔗和亚热带水果的主产区。主要包括闽、粤、桂中南部区、云南南部区、海南岛雷州半岛区、中国台湾区。

(七)川陕盆地稻、玉米、薯类、柑橘、桑区

川陕区是以油菜、柑橘、桑为主,水稻也有较大的发展潜力,农作物种植制度复杂多样,稻麦两熟和旱作三熟,是中国重要的经济作物商品基地之一。

(八)云贵高原稻、玉米、烟草区

云贵高原区水稻和旱田作物占有相同的比例,烟、油菜、茶等经济作物在全国广为人知,主要包括湘西黔东区、黔西云南中部区。

(九)西北绿洲麦、棉、甜菜、葡萄区

西北绿洲区是中国西部小麦主产区,棉花、甜菜、瓜果品质优异,是绿洲农业区,主要包括蒙、甘、宁、青、北疆、南疆。

(十)青藏高原青稞、小麦、甜菜区

青藏高原海拔比较高,是中国独特的种植业区域,是小麦主产区,同时也是

青稞、油菜、甜菜、果树的特色产地,包括藏东南川西区、藏北青南区。

三、现代种植结构的布局与优化

传统种植结构是指从事农作物种子、种苗生产销售和服务。而现代种植结构则是指从种质资源、生物育种、品种测试、知识产权交易、繁种制种、加工贮藏、物流配送、推广营销等多个产业环节闭环的产业链。现代种植结构位于农业产业链的最顶端,属于农业领域中科技含量最高且不可或缺的生产资料,是国家基础性核心产业,在保障粮食安全、农业基础地位和重要农产品有效供给方面有着不可替代的重要作用。中国是一个拥有14亿人口的大国,自然地理环境多样,农业种植区划复杂,合理布局现代种植结构体系,优化现代种植结构结构,具有十分重要的战略意义。

(一)基于400mm等降水量线布局现代种植结构体系

中国的自然生态特征可以根据400mm等降水量线加以区分,400mm等降水量线大致走向为:大兴安岭—张家口—兰州—拉萨—喜马拉雅山脉东端,是中国地理气候上半湿润与半干旱地区的分界线,也是种植业与畜牧业的分界线以及西北地区与北方地区分界线。400mm降水线西侧是年降水量小于400mm的区域,为内蒙古、西藏、甘肃、青海、宁夏、新疆六省区,是中国的畜牧业区,而400mm等降水线西侧是中国的种植业区。因此,中国现代种植结构的布局,应该考虑西北地区发展畜牧业、草业、果业类的现代种植结构。

(二)基于秦岭—淮河线布局现代种植结构体系

秦岭—淮河线是中国地理区分北方地区和南方地区的地理分界线,确切地说是亚热带季风气候/区(南方)与暖温带季风气候/区(北方)之分界线。是一月份0度等温线,800mm等降水量线,自然条件、农业生产方式和生活习俗有明显差异。北方耕地为旱地,主要作物为小麦和杂粮,一年有两到三次收成;南方大部分是水田,作物主要是经济作物,如水稻和甘蔗,一年有两到三次收成。因此,在对中国现代种植结构的布局,应该考虑"南稻北麦""南湿北旱"的地理生态特征,在北方布局以旱地作物为主的种植结构,而在南方布局以水稻等耐湿热的作物为主的种植结构。

(三)基于种植业区划优化现代种植结构体系

中国农作物种植业区域划分为10个一级区和31个二级区。其实每一个区划的地理面积也是相当大的。因此，基于各个区划内的植物生态类型，优化区域内的种植结构的主攻方向、育种目标和服务对象，将有力地提升现代种植结构的竞争力。现代种植结构在所在区域要利用所在区域的特点，进行基础设施的建设，重点建设农作物种质资源中期库、中转隔离基地和种质资源圃。构建商业化育种创新体系，提升农作物育种创新能力；建设一批规模化、机械化、标准化、集约化、信息化的种子（苗）生产基地，提高良种生产和供应能力，提升种子产地加工水平和仓储能力。

第二节　畜牧业结构与市场区域布局

现代畜牧业的提出是相对于传统畜牧业而言的。传统畜牧业是一种自给自足型的养殖方式，结构比较单一，以自我消费为主。市场经济的出现，促进了畜牧生产方式的时代转变，打破了原来的生产结构，形成了具有多元化结构的现代畜牧业。

一、现代畜牧业的多元化结构

根据畜牧业的生产组成和产业的相关度，现代畜牧业大致可分为复合型一元化结构和多元化结构两种。

（一）复合型一元化结构

复合型一元化结构是指传统养殖户为了适应市场经济的需求，由最初的养殖专业户开始，逐步发展成规模化、产业化、商品化养殖企业的一个模式结构。这一变化，打破了传统家庭式散养的结构，使畜牧业内部的生产资料、劳动力和生产方式进行了重组和集中，把自养自食性质的养殖活动转变成了具有商品性质的养殖活动，并形成了一个集饲料、兽药、种畜禽和养殖、加工、销售一体化经营的养殖专业行业。复合型一元化结构只是养殖形式自身的一种变革和适应。围绕养殖中心，饲料、兽药、种畜禽、加工、销售等畜牧业内部关联性产业也得到了发展，畜牧业经济也摆脱了农业经济的束缚，成为一只独立的经济成分。其主要表现为畜禽养殖的专业化、规模化、集约化、标准化、科学化、机械化（自动化）、工厂化、信息化、商品化和产业化等特点；体现了在现代思想和理念之下用现代设施装备畜牧业，用现代科技改造畜牧业，用现代经营管理方式发展畜牧业的基本内涵。

(二)多元化结构。

多元化结构是指畜牧业经济在发展中逐渐与农业、商业、金融、环境、旅游、能源、科技、信息等行业产生紧密的关联和融合所形成的外向关联型产业结构。其突出特征就是畜牧业生产的社会化。现代畜牧业多元化结构主要表现为投资主体多元化、生产主体多元化、产品生产多元化、经营主体多元化、产业层次多元化、市场结构多元化、畜产品价格影响多元化、技术构成多元化、科技应用多元化、服务社会多元化等特点。这些特点表明现代畜牧业已经从第一产业发展,贯穿了第二、三产业,融入了整体社会经济的大循环之中。

二、畜牧业类型与布局

中国各地畜牧业生产发展的条件和原有基础、特点有很大差异。大致可从东北松嫩平原西部－辽河上游－阴山山脉－鄂尔多斯高原东缘(河套平原除外)－祁连山脉(河西走廊除外)－青藏高原东缘划一界线,此线以东以农区畜牧业为主,以西以牧区畜牧业为主;农、牧之间是一个农牧交错的过渡地带,一般称之为半农半牧畜牧区。此外,在大中城市及工矿区周围,一般都布局有副食品生产基地,称之为城郊畜牧业生产类型区。

(一)农区畜牧业

主要分布在东部季风区,北起黑龙江,南到云南、海南、台湾等东、中部大部分地区。农区拥有大量有待开发利用的山地坡地资源,是饲料粮的主要产地。

农区畜牧业在空间上存在很大差异。从东北、华北的温带农区畜牧业到长江以南的亚热带热带农区畜牧业,虽然都是结合种植业而发展的舍饲与半舍饲的畜牧业,但从畜种结构、草料来源与经营方式来看,均不完全相同。例如,北方农区以黄牛、马、骡、绵羊及禽类以鸡为主,主要依靠饲料喂养;而南方则多水牛、猪、山羊,还有鸭、鹅等水禽,以青绿饲料喂养。

北方地区有较大面积的天然草地可供牲畜季节性的放牧,而南方缺乏天然草地,但有水生饲料可作为廉价饲料的来源,加上多山地丘陵,也有一定的草山、草坡可供放牧。

(二)牧区畜牧业

主要分布在西部、北部和西南少数民族聚居、人口稀疏的地区,包括黑龙

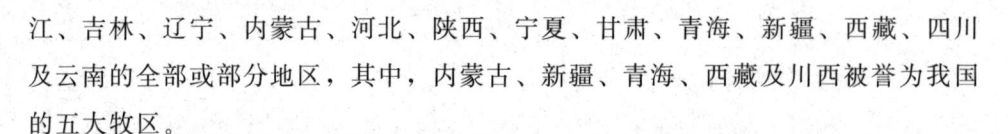

江、吉林、辽宁、内蒙古、河北、陕西、宁夏、甘肃、青海、新疆、西藏、四川及云南的全部或部分地区,其中,内蒙古、新疆、青海、西藏及川西被誉为我国的五大牧区。

草原和草场是牧区发展畜牧业的主要物质基础。中国现有天然草地4亿多公顷,其中可利用草地约有3.1亿公顷,具备发展牧业的优良基础。

饲养的动物以草食牲畜为主,放牧牲畜主要有马、黄牛、牦牛、绵羊、山羊、骆驼及鹿等。舍饲畜种,除马、驴、骡外,则以猪、鸡为主。全牧区不包括猪的牲畜总数占全国的45%,绵羊占全国的64%,山羊毛绒线的产量也占到全国52%,是中国绵、山羊及其毛绒、皮张的主要产区。但本区肉类产量仅占全国的4.5%,牛羊肉产量也只占全国的40%,牛奶产量占全国的1/3,肉类生产大大逊于我国农区的畜牧业。

(三)农牧交错区畜牧业

主要位于农区和牧区之间,处于东部平原、山地向西部高原、山地的过渡带,半湿润、半干旱地区向干旱地区的过渡带,年降水量为350-450毫米,是旱作农业与天然草地放牧畜牧业均可适应的地带。

这一地区兼有农区和牧区的特点,即草食牲畜以放牧为主,类同于牧区,但以定居定牧为主,集约化生产程度高于牧区;对役畜、猪、禽等畜禽采取舍饲方式,接近农区的畜牧生产方式,有较好的圈棚设施和饮水条件,但畜禽生产比重较低,远不及农区。

农业以种植牧草和饲料为主,实行草田轮作,以农养牧,发展集约化商牧养殖业,具有成为我国草原牧区的牲畜育肥和成品加工基地的基础。

(四)城郊畜牧业

城郊畜牧业,亦称"城市型"畜牧业,主要是指城市郊区的畜牧业,也包括受城市市场影响强烈,主要为邻近城市服务的非城郊地区的畜牧业。

城郊畜牧业作为副食品生产,在城郊农业中占有很高的地位,其生产总规模取决于城市市场对畜产品的要求,而较少受制于当地粮食和饲料生产规模;畜产品中禽蛋、鲜奶等产品的生产比重高,鹌鹑、肉鸽等特种畜禽养殖也有一定发展,不同于农区以猪为主,牧区以牛、羊为主的生产结构。

城郊畜牧业对产品的质量和品种要求较高,需均衡生产、均衡上市,因此规模化饲养场较多,趋向于高投入、密集型的工厂化商业生产。

第一章 农业结构与市场区域布局演变特征

第三节 渔业与林业结构与市场区域布局

一、渔业的三大作业区

我国国内海洋渔业的三大作业区分别是黄渤海渔区、东海渔区和南海渔区。

(一)黄渤海渔区

位于我国北部,包括黄海和渤海两个海域。渤海是我国第三大海湾,也是国内北方最大的内陆海。黄渤海渔区最重要的渔业基地之一,有丰富的渔产资源,主要渔获物包括鲅鱼、带鱼、黄鱼、鲳鱼等。

(二)东海渔区

位于我国东部,包括东海和长江口海域。东海是我国第三大海域,也是国内东部最大的海洋渔业基地之一。主要渔获物包括带鱼、虾、蟹、鲳鱼等。

(三)南海渔区

位于我国南部,包括南海和南海诸岛周边海域。南海是我国国内最大的海域,也是我国南部最重要的海洋渔业基地之一。南海渔区的主要渔获物包括金枪鱼、鲔鱼、鲨鱼、对虾、鲍鱼等。

二、目前渔业市场总体概况

渔业行业市场是一个庞大的市场,涉及到渔业资源、渔业生产设备、渔具、加工设施、作业船等众多方面。主要市场可分为三大类。

(一)渔业资源市场

渔业资源市场是渔业行业中的核心市场,主要包括海洋水产品、内陆水产品、稻田及其它养殖水产等。近年来,随着渔业资源需求的增加,渔业资源市场已经逐渐向更为多样化的方向发展。在稻田和其他养殖水产领域,新兴养殖技术的推广、人类对水产品的需求不断增加等因素,都代表了渔业资源市场巨大的潜力。

(二)渔业销售市场

随着全球消费需求的增长,渔业销售市场逐渐成为一个比较庞大的市场。海鲜市场上，各种鲜活的海鲜、冷冻海鲜和加工海鲜等都是主要产品，市场需求不断上升。同样，养殖水产品也有着自己的市场需求。此外，随着人们安全饮食意识和环保意识的增强，有机水产品或鲜活水产品等更为安全和天然的产品也有了更多的用户。

（三）渔业服务市场

渔业服务市场是渔业行业中最新兴的市场之一。随着技术创新和整个行业不断发展，越来越多的公司正在推出渔业行业的新型服务，例如航行卫星传感器、数字化网络海图、船舶管理系统，等等。这些新型服务也逐渐成为了渔业中不可缺少的市场因素。

三、林业区域布局

传统的林业自然区划结合总体的林业经济发展状况，按照社会劳动地域分工的理论和国家经济开发战略设想及林业经济发展战略设想，将全国林业从布局上分成四大区域，明确各个区域的建设重点和建设目标，采取分区突破的战略。

（一）西部地区

包括长江上游、黄河中上游地区。该地区生态环境脆弱，生长地位特殊，是大江、大河的源头地区，应成为我国生态环境建设的核心区。这个地区要抓住国家实施西部大开发战略的契机，加快以公益林为主的林业建设。严格保护天然林，加快宜林荒山荒地的造林步伐，恢复林草植被。对陡坡耕地，应有计划、有步骤地退耕还林还草，从根本上改善生态环境。

（二）三北地区

主要指西北、华北和东北西部。三北地区对我国生态环境建设起着决定性的影响。搞好三北地区生态环境建设，不仅关系到我国人民的生存质量和生活质量的提高，而且对世界生态环境将产生积极的影响。因此，国家从1978年就开始实施了三北防护林体系建设工程。40多年来，工程取得了很大成绩，重点治理地区的生态环境有了明显的改善，但发展还很不平衡，局部地区风沙危害和水土流失仍呈日趋加重趋势。因此，三北地区要以防沙治沙工程为核心，保护好林草植被，巩固扩大绿洲，建立起遏制荒漠化的屏障。

（三）东北内蒙古国有林区

包括黑龙江、吉林和内蒙古的大兴安岭林区。该地区林地面积大，蓄积多，森林资源占全国的首位。但由于长期以来过量采伐，造成可采森林资源已近枯竭，经济出现危困。该地区气候温和，较湿润，土地肥沃，适合森林生长，是我国木材生产的重要基地和木材加工产品的主要产地。因此，这一地区要全面实施天然林保护工程，促进林区从采伐森林向管护森林转变，使森林资源得以休养生息。

（四）南方等其他地区

这一地区基本覆盖了我国的南方集体林区。这一地区森林覆盖率高、水热条件好，适宜树种多且树木生长年限短，其优势在于本区有较强的经济后盾和较为先进的生产技术和管理经验，可作为商品林和经济林生产基地。该地区应在不放松生态环境建设的同时，把工作的着力点转移到大力发展商品林上来，努力增加木材和林产品的有效供给。

在以上区划的基础上，各个地区应在全国林业总体定位的指导下，找准自己的位置，突出自己的特色，发挥自己的优势。从而把林业发展与现代化建设第三步战略目标结合起来，与各地亟待解决的突出矛盾结合起来，与各地区的有利条件结合起来，与群众的利益结合起来，增强林业发展战略的预见性、针对性、有效性、操作性和目的性。

四、现代林业的市场定位及发展

林业在我国的国民经济中占有十分重要的地位。林业作为我国国民经济的一个生产部门，主要的职务是采伐、经营、培育森林。森林能够给人们创造很多的林副产品和很多木材，这些都是我国各个产业的基本原材料，一部分能够给人们提供必需的生活用品，一部分能够给国家提供必要的生产资料。

目前来看，林业部门和经济各个部门的联系十分密切，林业发展的速度和规模往往受经济再扩大和创新林业发展模式，提高绿化造林工作的整体水平和工作质量，推进森林资源保护和绿化造林工作生产需求的影响。但是林业在促进我国交通、工业、农业以及整个国民经济发展的同时，也会在一定程度上制约我国的经济命脉。林业在国民经济中的地位主要体现在它对我国社会主义再扩大生产的作用、它所提供的产品的质量和数量及效能高低上。

我们国家的林业资源及林业产业的发展情况不是十分乐观，需要进行及时的转变发展理念，改革的进展，进而切实的保证对林木资源的保护和我国林业产业的可持续发展。

林业发展总体布局的战略设想是：西部(三北、西南、青藏区)地区要在保护的基础上加速绿化，强化治理；东部(华北中原区)地区发展种植林业和向农区、城区与林业下游产业延伸，扩展林业发展领域和发展空间；北部(东北区)地区要休养生息以恢复森林资源；南部(南方、东南沿海热带区)地区大规模发展商品林(用材林、经济林)，从而形成"西治、东扩、北休、南用"的林业发展新格局，以服务京津冀协同发展、长江经济带建设、"一带一路"建设三大战略为重点，综合考虑林业发展条件、发展需求等因素，优化林业生产力布局，以森林为主体，系统配置森林、湿地、沙区植被、野生动植物栖息地等生态空间，引导林业产业区域集聚、转型升级。

第二章
农业市场结构的现状与问题

第一节　农业市场集中度的现状与问题
第二节　农产品差别化的现状与问题
第三节　农业市场壁垒的现状与问题

传统的微观经济理论认为，农产品同质性较明显、农业生产者多且规模小、农民是农产品市场价格的接受者、农业进退壁垒较低，所以农业市场结构接近于亚完全竞争。但实际上，中国农业市场结构并不完全满足亚完全竞争的条件，是非完全竞争市场结构。本章研究的农业市场结构，侧重在农业生产领域，从农业市场集中度、农产品差别化、农业市场壁垒三方面具体地分析目前我国农业市场结构的现状与问题。

第一节 农业市场集中度的现状与问题

从我国现代农业产业的集中度来看，农资供应、农产品加工环节集中度逐渐形成逐年增高的趋势。在农业种植方面，由于我国仍以小规模分散种植为主，农业种植环节集约化程度极低，所以品牌集中度仍较低。除此之外，由于农产品运输根据不同产品有所不同，总体集中度较低。因此需要具体分析农资供应、农业种植、农产品加工与农产品流通等四个环节的现状与问题，从细节入手来充分解析农业市场集中度的现状与问题。

一、农资供应环节的现状与问题

农资是农业生产资料的简称，是农户或农业企业从事农、林、牧、渔各业生产所必需的物质资料的总称，主要包括化肥、农药、种子、农膜、饲料、兽药等。农资产业链上游是化肥、农药和种子，下游一般进行该类产品对相关的企业或个人的销售。

目前商务部、国家发改委等部门联合发文鼓励现有品牌农资经营企业通过跨行业、跨地区、跨所有制的兼并、联合等形式，进行资产和业务重组，增强核心企业的活力，以培育大型农资流通企业，农资供应行业呈现出较为明显的行业集中度提高的趋势。但从总体上来说，农资市场还存在以下问题亟待解决。

（一）分散性

中国市场不同于外国市场，农村市场不同于城市市场，农资市场又不同于其它产品市场。农资产品的市场在广大的农村，尽管农村人口众多，但它不像城市，人们是散居在不同的地域，以户为种植单位，每家每户只有一到几亩地不同，每家每户根据自己对未来的估计和需求种植着不同的作物。

(二)季节性

农作物生长有着极强的季节性。这是自然条件决定的,尽管反季节生产有了很大的发展,担任不能代表整个农业生产情况。不同季节有完全不同的作种类,因此病虫害发生也有着极强的季节性,对土肥条件的要求也根据生长期的不同而不同。这些导致了农资产品购买的集中性,而且往往购买的时间只有短短的几天时间,过了这个季节只有等来年。

(三)明显的地域性

地域性表现在不同的地区农作物种类积种植结构不同,对农资产品需求的种类和数量也不同。农村分布在山区、平原、丘陵。有水浇地、干旱、半干旱之分。不同的地域有着不同的气候、不同的作物结构、不同的水肥条件,农民有着完全不同的种植和生活习惯。不同地域的种植结构不同,对种子、农药、化肥等的要求不同。即就是同一种作物,在不同的地域,由于气候条件、水肥条件的不同,导致病虫害的发生种类不同数量不同。例如,南方以水稻为主,而北方以小麦为主。

(四)受气候条件的影响

气候条件对农资市场的影响是间接的。气候的变化直接影响作物生长,病虫害的发生发展,作物对水肥的需求。这样间接的影响了对农资产品的需求量,对来年市场需求很难加以定量估计。农民不可能在无水可浇灌的干旱天气中施肥,因而对肥料的需求降为最低;在雨季不会想到去使用杀虫剂。而且,不同的地域有着不同的气候条件。

(五)受农产品物价格影响

农产品价格影响的是农民对来年市场价格预期和信心,从而影响本年度的投资力度。

(六)信息的不对称性

农村因为通信较为落后,对市场信息的掌握很少,形成大量的信息无法到达农们手中,指导农民的农业生产。从而使农民对产品的技术性能、品质知之甚少,使用成本增加。

二、农业种植环节的现状与问题

目前,在农业种植方面,虽然近几年由于我国自主创新能力的不断提高,农业的种植水平日渐精进，但总体上由于我国仍以小规模分散种植为主，农业种植仍然存在不少的问题。

（一）农业种植的现状

1. 种质资源数据库日益丰富

我国自20世纪50年代开始投身于作物种质资源研究工作，系统研制出110余种农作物性状描述规范和336个数据质量控制规范，建立了种质资源库、数据网络平台及206个原生态环境保护区，对30%以上的库存资源进行品质特性评价，从中筛选出抗逆性强的作物种质资源。截至2019年12月，年均分发农作物优异种质资源8.1万份次，年均信息共享服务30万人次，有力支撑了新品种选育和推广。随着我国在2020年阶段性保护任务的顺利完成，国务院办公厅明确了到2035年的发展目标：建成系统完整、科学高效的农业种质资源保护与利用体系；推进开发利用，提升种业竞争力。2021年，国家启动规模最大、覆盖面最广的农业种质资源普查，力求在2024年完成农业种植资源的摸底工作；新的国家种质资源库建设进入收尾阶段，建成运行后，国家种质资源储备能力将由40万份增加到150万份。

2. 种业自主创新能力不断提高

自2014年以来，我国农业农村部种业管理司连续7年开展"四大作物良种重大科研联合攻关"项目。随着攻关项目的开展，良种对粮食增产增收的贡献率不断提升。截至2020年12月，我国农作物良种覆盖率超过96%，我国粮食产量达到6695亿kg，环比增加0.9%，这为我国粮食连年丰收和重要农产品稳产保供提供了关键支撑。大宗蔬菜品种选育也取得突破，国内品种的生产覆盖率提高到87%，种业创新能力的提高为农业供给侧结构性改革提供了技术支撑。

3. 种子企业并购重组明显提速

从横向看，种业与各产业之间加速融合；从纵向看，种业的产业链内部各环节之间的整合程度不断提升；从国外市场看，孟山都、杜邦先锋和先正达等大型跨国种子企业发展迅速。2011年以来，我国种业行业进行了深化改革和深度调整，种子企业通过兼并重组弥补短板，集中整合资源，进行成本控制，打造具有核心竞争力的"育、繁、推"一体化现代种企。

4. 制种繁种基地规模稳步扩大

为贯彻"藏粮于地，藏粮于技"战略，我国已建成海南、甘肃和四川三大国家级育制种基地为核心，52个制种大县和100个区域性良种繁育基地为支撑的种子基地"国家队",有效保证了全国七成以上的作物用种需求。

5. 种业市场监管体系逐步健全

近年来,种业市场监管效果显著。种子法律法规及质量标准体系进一步完善,种业监管管理手段和力量进一步增强,种业市场生产经营秩序也越来越规范,种子产品质量管理水平迅速提升,种子质量"低劣"问题已基本克服,种业市场的供给保障能力和供给质量明显提升。同时,为完善产权保护制度、激励种业创新,提升维权能力,农业农村部办公厅连续发布《2020年种业市场监管工作方案》和《2021年全国种业监管执法年活动方案》,加强对种子市场的监督和抽检工作,使得市场上制售"假种子"、非法经营转基因种子等现象得到有效制约。

(二)存在的主要问题

1. 种质资源保护利用效率低

农作物种质资源是进行新品种选育和提升种业竞争力的基础。近年来,我国农作物新品种选育取得了显著成就,但相比于世界先进水平,还存在较大差距,总体表现在如下几个方面:

一是种质资源的投入力度不均。我国一直高度重视种质资源普查和征集工作,但精准鉴定和功能评价不够完善,以致资源征集、鉴定和评价等各环节之间的连接性不密切,制约了资源利用。

二是品种种质资源的开发利用相对滞后。重复性和同质化的种质资源研究较多,以致种质资源的优势无法转化为品种优势从而创新型种质资源缺乏。

三是种质资源流失严重,由于我国农业种植体系的改革以及自然环境的恶化,尤其在最近几年,农作物品种骤减。

2. 种业自主创新程度相对较弱

种业自主创新是实现种业自立自强的关键。近年来,我国良种在农业增产中的贡献率已超过45%,但是美国等发达国家普遍在60%以上,我国与发达国家还有较大差距,主要表现在3个方面:

一是国内育种资源分布相对分散,缺乏系统性和协同性,导致科研院所与企业之间融合程度不足、科技创新与市场需求错位。

二是我国公共科研主要集中在新品种选育等应用领域,对种质创新和改良、现代育种理论和技术方法、功能基因的挖掘和基因编辑技术创新、种子质量标准与检测技术等基础性研究重视程度不足,研究力量较为薄弱,导致科研投入多但成果产出低的内在矛盾。

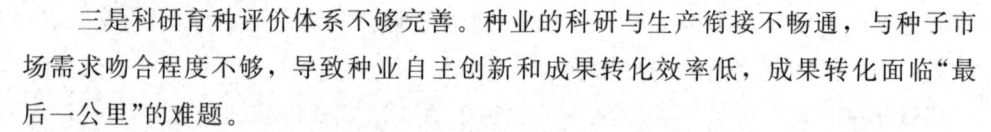

三是科研育种评价体系不够完善。种业的科研与生产衔接不畅通，与种子市场需求吻合程度不够，导致种业自主创新和成果转化效率低，成果转化面临"最后一公里"的难题。

3. 种子企业"多小散弱"

近年来虽然我国种业市场集中度有了很大的提高，但面临的问题依然严峻。主要表现在两方面：一是种子企业总体仍呈现"多小散弱"特征——种子企业投资门槛相对较低导致我国种子企业数量多。我国种业目前正处于转型发展期导致企业的规模及平均市场份额较小且经营分散化。我国种子研发科研体制属于典型的政府主导型，导致我国种子企业的技术创新能力相对不足，且缺乏具有核心竞争力的龙头企业。受市场和自然双因素的限制导致企业抗风险能力较弱。二是经过多轮大型种子企业的并购重组，全球种业的资源越来越集中在少数的国际种业巨头的手中。与国际种业巨头相比，我国农作物育种企业缺乏核心竞争力，种业研发资源缺乏国家经费支持，多来源于企业自筹，且其本身原始创新实力和集成创新能力不够。

4. 制繁种基地建设落后

为保障粮食安全，夯实"藏粮于地，藏粮于技"的物质基础，国家采取相应措施实现了良种对粮食增产贡献率的45%、良种对畜牧业发展贡献率的40%。随着良种的引入，我国粮食连年丰收，主要的农产品实现稳产保供。但基地建设依然存在十分严峻的问题。一是基地在实施现代农业生物育种重大科技项目、农作物和畜禽育种联合攻关、生物育种产业化应用、基础性前沿性研究等方面还有待进一步扎实推进。二是种子基地存在生产模式单一、基础设施落后、机械化程度不高、管理服务滞后、制种成本升高等问题。

5. 市场监管缺位

我国农作物育种的知识产权保护仍处于起步阶段，种业市场在制度层面显露出的市场监管缺位现象日益严重，主要表现如下：一是种业知识产权保护制度不完善、种企领导者及员工知识产权意识薄弱，导致种业市场种子套牌侵权、售卖假种现象频发且未能为维护知识产权营造良好氛围；二是我国种子品种权的申请周期较长，降低了原始品种育种人申请品种权的积极性，进而造成了品种保护的难度加大；三是我国与种业知识产权保护的部门较多，导致各部门之间存在一定的职能重叠和交叉问题，致使在实际执行中出现多头管理和无人管理并存的矛盾。

因此，在农业种植环节，总体的资源集约程度还相对较低，市场上相关的农业品牌的集中度也相对偏低。

三、农产品加工环节的现状与问题

农产品加工业是指对粮棉油薯、肉禽蛋奶、果蔬茶菌、水产品、林产品和特色农产品等进行工业生产活动的总和。农产品加工业一头连着农业和农民，一头连着工业和市民，亦工亦农，既与农业密不可分，又与工商业紧密相联，是农业现代化的支撑力量和国民经济的重要产业。

（一）农产品加工环节的现状

许多农产品，尤其是菜、果、瓜、鱼、虾等，大多是以鲜活形式上市的。这些农产品含水量高，营养丰富，极易腐烂变质，而且大量的农产品需要运往市场销售。因此，不解决农产品产后的保鲜加工问题，就难以解决农产品、尤其是鲜活农产品的异地销售和非产季供应问题，难以使农产品成为商品进入市场，特别是进入国际市场进行大流通。

目前，我国农产品深加工与国际上差距很大。虽然我国是农副产品生产和消费大国，主要的农产品如粮食、油料、水果、肉类、蛋类、水产品等总产量已居世界第一位。但是长期以来，我国农副产品供应的结构性过剩问题仍比较突出，农副产品加工转化工业发展滞后，与发达国家相比，我国农副产品深加工存在很大差距。

发达国家的农产品加工业产值是农业产值的3倍以上，而我国还不到80%；由于加工转化程度低，综合利用比较落后，因此造成了我国农副产品资源的极大浪费，综合效益较差，这正是影响我国解决"三农"问题的一个重要因素。

（二）存在的问题

1. 缺乏农产品加工的观念。

许多人认为农产品加工业似乎没有多大的科技含量，因此也不需要多大规模的投入。然而就食品加工而言，这一传统观念是造成我们的食品加工业没有市场竞争力的一个重要原因。实际上，人们越来越关注加工食品的内在品质，从色泽、口感到安全，人们也越来越挑剔，这靠作坊式原始加工生产，靠小打小闹已经行不通，必须讲求高起点，高科技含量，这样才有市场竞争力。

还有不少人认为农产品加工业就是对普通农产品的加工，对这一观点也应该改变。普通水果、蔬菜销不出去，就拿去加工，这样是加工不出好产品来的，这种产品缺乏市场竞争力。农产品是直接销售的还是专供深加工的，需要分类种植。农产品加工企业一定要下功夫从头做起，指导农民生产专为加工的农产品原料，而不仅仅是靠买便宜的剩余的农产品。

2. 适宜的加工品种缺乏。

由于很长一段时间一直注意产量，没有把加工专用品种选育摆在重要位置，所以加工专用品种很少且单调，致使因加工原料的品质不高制约加工产品质量和产业发展的问题比较突出，缺乏与入世后外来优质加工品的竞争实力；现阶段农产品加工企业大多是小而分散的规模经营。规模小则失去了规模效益，往往是技术装备落后，能耗高，资源综合利用低，造成农副产品资源的极大浪费，产品质量差。

3. 加工技术设备水平低

先进的加工工艺，必须有先进的技术装备来保障。我国农产品加工企业尽管引进了一些先进的加工设备，但整体水平与国外相比仍存在较大差距。我国科技工作的重点在产中领域，对产后领域的科研工作一直忽视，造成了农产品加工领域技术创新能力较低，使得我国农产品加工业的发展靠技术创新上水平的动力不足，技术水平落后，发展只能依赖硬件进口，拼设备。技术创新能力低下，是我国农产品加工业落后于发达国家的根本原因。

4. 农产品加工企业市场营销手段单一

目前还难以适应时代发展的需求。农产品加工企业受所处行业影响，传统营销理念对其影响较大，手机 APP 或电商平台等营销手段在农产品加工行业的发展尚处于初级阶段。

综上所述，在农产品加工环节市场的集中度还存在竞争力不足的特点。

四、农产品流通环节的现状与问题

（一）农产品流通环节的现状

农产品流通是指农产品中的商品部分，通过买卖的形式实现从农业生产领域到消费领域转移的一种经济活动。农产品流通包括农产品的收购、运输、储存、销售等一系列环节。

近些年来，为了促进农产品流通行业的发展，我国陆续发布了许多政策，如2022 年国务院发布的《关于做好 2023 年全面推进乡村振兴重点工作的意见》提出完善农产品流通骨干网络，改造提升产地、集散地、销地批发市场，布局建设一批城郊大仓基地。

随着我国经济结构和改革不断推进，农产品流通行业发展了解世界经济状况特别是发达国家作为衡量标准，中国农产品流通行业发展轨迹走势和评价也有了新变化。下面将从几个方面给出农产品流通行业的现状。

第一，农业基础设施建设取得了较大的进步。农业基础设施的构建，更强化了农企及终端客户之间的联系紧密程度，使农产品竞争有生机，加之我国农原品运输等相关的基础设施建设，更好的保障了农民和农产品的收益。

第二，互联网网络化连接。随着网络应用和市场数据日趋完善，农产品流通信息化成为现代农业发展中引领和支撑的核心力量，农业服务机构对农产品质量保证和市场调控更加便捷有效；农产品流通市场的管理与政策协调更为便利；农业产品的价格稳定更具有竞争力、更加科学，才能帮助更多消费者吃得放心、吃得健康。

第三，科技支持及信息产品更新换代。现代农业在农产品种类以及产量价值指标均较以往大幅提升，农业基础设施和农产品流通及销售等方面都得到了极大改善。随着农业科技的高速发展，快速检测技术和知识交流技术也进一步改变着农产品市场的发展趋势，让现代农业的发展更加安全、高效，为农民及未来的发展提供了稳定的支撑。

第四，重视冷链物流与节能减排。随着安全食品的日趋严谨，冷链物流的整理和管理，和公共卫生的不断改善，使得农产品流通行业运行更加有序，减少了农作物厌氧黄腐性病害，同时也推动社会环保与节能减排方面取得了新进展。

（二）存在的问题

虽然农产品的流通渠道和方式在不断发展与完善，但以下几点仍是目前影响农产品流通效率的不容忽视的问题：

1. 农民在农产品流通环节中参与度不高

在当前的农产品市场中，农产品的售价得到了明显的提升，但是农民作为农产品的生产者，也就是农产品流通过程的第一环节，在农产品售价提升的过程中并没有获得明显的收益，其对农产品流通环节的参与仅仅局限于与小商贩之间的农产品交易，而后续的增值过程则并未对其收入产生影响。但与之相反，在农产品价格下跌的时候，农民却成为了主要风险承担者。但农民参与度不高现象出现的主要原因是农民农产品生产规模小且组织性较差，导致其市场势力较弱，在农产品流通过程中处于弱势地位。而正是因为这种现象的存在致使农民对农产品的质量未予以充分的关注，最终导致农产品质量问题的产生。

2. 农产品流通环节效率不高、浪费严重

当前农产品流通过程中存在的浪费现象十分严重，导致这种浪费现象存在的原因主要有三个。

其一，由于农民的市场参与度不高而导致其对农产品质量未予以充分的重视，导致劣质农产品增多；其二，农产品本身就是易腐易烂食品，再加之流通过程不够顺畅而导致其在流通的过程中存腐烂变质的现象，由此导致了农产品的浪费。其三，农产品分级分类标准不够规范，导致不同级别的农产品不能流通到相应消费群体所在区域，由此导致了农产品的无效供给，也是造成浪费的重要原因。

3. 农产品流通供应链建设尚不完备

从根本上来说，要想实现农产品流通过程的优化，应当从流通的各个环节着手。但是结合当前的情况来看，我国的农产品供应链仍然处于不完善的状态。这种不完善首先体现在流通过程中的各个环节处于松散的状态，相互之间联系不够紧密，尤其是直接从农民手中收取农产品的小商小贩，其与农民之间以及与农产品连锁销售商之间的合作都具有较大的随机性，由此使得农产品的流通渠道不固定，风险因素增多。其次各流通环节之间增值分配的不均匀也是供应链不完善的重要体现，也是导致各环节之间联系和配合不够紧密顺畅的重要原因。

第二节 农产品差别化的现状与问题

农业固有的自然属性和市场属性决定了农产品差别化的产生，表现为自然条件影响的差别化和经济条件影响的差别化。

一、自然条件影响的农产品低差别化

产品差别化理论主要用于讨论工业产品，工业产品生产过程的可控性较强，涉及自然因素对产品的差别化影响较少。然而，自然因素对农产品的差别化影响较大。农业是自然再生产过程和社会再生产过程交织的过程。自然条件影响的差别化。农业的自然再生产过程受自然条件如气候、地形、土壤、水文、植被等的影响。因为自然条件的差别,导致了农产品的区域性、鲜活性、季节性、上市时间性等差别;因为自然条件的可控性差,导致农产品差别化的可控性差。虽然随着农业生产科技水平的提高,农业征服自然的能力逐步增强,但是,农业生产科技水平远未达到人类可以随心所欲的地步,农业生产科技水平的提升成本也逐步加大。所以自然条件形成的农产品差别化整体比较低。

二、经济条件影响的农产品低差别化

经济条件所形成的农产品差别化主要表现为以下几个方面:(1)农产品生产方面的差别。一是农产品物理特性的差别,如农产品的外观、包装、商品化处理程度等的差别。二是生产附带性服务差别,如生产者在提供农产品时提供的服务差别。三是地理位置的差别,如农产品在上产或销售的地理位置不同而形成销售差别。四是农产品环境标示差别。(2)农产品消费差别。其一是消费者的主观性差别,如消费者的对农产品的认知、对生产者的营销策略的感受等差别。其二是消费者偏好差别。

但是,因中国农户是小农生产格局;农民对土地具有依赖性,他们大多随地而居,居住分散;人际交往不变,信息获取困难,而且获取信息更多的是周围农户的示范与交流,使他们的生产行为具有趋同性特点;运用的科技知识也仅限于采用优良品种、实用农业和化肥等,而在产品的品牌和营销上涉及较少。因此农民的居住特点和文化水平决定了目前农产品差别化不明显,大多数农产品的质量、规格相似。因此,经济条件影响的农产品差别化整体比较低。

三、农产品低差别化的问题

国内农产品低差别化,导致国外差别化高的优质农产品进入本国市场,这种农产品的国别性差异不仅满足了国内消费者的好奇心理,会导致市场供给进一步增加,价格进一步下降,由于国内农产品成本较高,必将在竞争中被淘汰出局。而且,更为重要的是其对国内农产品强烈的替代作用,会使对国内的农产品需求进一步减少,需求弹性进一步缩小,导致了国内农产品的过剩,生产者利益受损。

虽然,为应对加入世贸组织后来自国际农产品的冲击,充分发挥区域间的比较优势,中国政府对农业的生产布局作出了进一步的调整(东部地区和大中城市郊区大力发展高科技农业高附加值农产品和出口创汇农业,沿海地区要率先基本实现农业现代化；中部地区发挥粮食生产优势优化粮食品种和品质结构，发展加工转化和产业经营，把粮食产业做优；西部地区加大退耕还林步伐发展特色农业、生态农业和节水农业，全面提高农副产品的质量和安全水平，加快实现中国农产品的优质化与专用化)，这种调整对优化对中国的农产品市场结构无疑起到了积极的推动作用，但是，同时也会产生这样的后果：三大经济区域间的产品差别增大，为争夺有限的国内市场，它们必将发生激烈的竞争，从而加剧中国农产品市场结构的竞争性。

第三节 农业市场壁垒的现状与问题

一、低进入壁垒

中国农业主要进入壁垒有：农业土地资源本身的有限和原有生产经营者对优势资源的垄断；有些农业基础设施建设需要巨额投资且回收慢，我国土地流转制度对农用土地的流转有严格的限制，使得农业生产规模难以扩大，土地难以靠市场力量实习中，而一般工商企业要进入农业，势必需要大量的土地进行规模生产。在农业化实践中，个体农民面临的结构性壁垒具体表现为四类：一是资本规模壁垒，个体农民生产规模小、产品供给能力弱、价格影响力低、产品差异少，制约了个体农民进入市场；二是技术性壁垒，个体农民生产农产品科技含量低、不能获得完整准确迅捷的市场信息、制约了农民形成市场竞争力；三是管制性制度壁垒，个体农民在产业化过程中面临着管制性的制度障碍，如产业组织的法律地位、国际贸易中的绿色壁垒、农业生产组织的进入门槛等都制约着农民产业组织的成长；四是信任壁垒，个体农民在市场交易中因市场信息极不对称，参与市场谈判能力弱，无法控制交易各方的动态变化，很难建立起对市场的信任，也影响到农民进入市场的信心。

因为农业的分散化经营，生产技术水平低，生产结构趋同；因为土地使用权的分配实行"均田制"，只要具有农民身份，无论是否拥有经营能力和经营资本，都可以获得土地，进入农业生产领域，所以总体上看，中国农业行为性进入壁垒较低。

农业进入壁垒和工业进入壁垒相比，无论在进入壁垒的总体水平还是经济壁垒的高度方面都要低得多。

二、高退出壁垒

农业退出壁垒主要有结构性和制度性退出壁垒。

农业结构性退出壁垒之一是资产专用性产生的沉淀成本。农业的资产专用性主要指如果农业某项业务的资产对特定业务、企业或使用的地方是高度专业化的,这就降低了农业投资的清算价值从而产生退出壁垒,专用的资产要么必须卖给那些打算经营同样业务的企业,要么迅速贬值而必须被废弃,形成沉淀成本。农业结构性退出壁垒之二是固定成本壁垒,包括劳工协议、重新安置、备用零件维修等退出成本过高。农业企业要履行与另一个企业的一些合同,必须要支付这些成本。比如,为了保证退出之后一些老客户可以得到零件,必须制造出一部分备用产品,这个要求带来的损失经过折算,也是退出的固定成本。农业结构性退出壁垒之三是战略性退出壁垒。同一农业公司不同部门之间,在形象、营销能力、金融市场等筹资能力、设施共享等方面的相互影响,以整体战略的观点来看仍然可能面临壁垒。

农业制度性退出壁垒是国家政策法规等形成的壁垒,目前主要是社会保障壁垒。农村人口的社会保障主要是依靠土地,一旦离开土地在市区又找不到合适的工作,等于失去了社会保障。农民宁可土地撂荒,也不愿意从土地中退出。可以用土地利用和流转情况进一步说明农业领域退出壁垒。总体上看,中国农业退出壁垒较高。

三、低进入壁垒和高退出壁垒的问题

农业高退出壁垒产生许多问题。农业较低的进入壁垒和较高的退出壁垒,使大量的农村剩余劳动力转移不出去,加剧了农业市场的竞争程度。农业剩余劳动力从农村转移出去遇到种种阻碍:转移到城市的农民不能获得城市户口;转移到城市的农民就业要受到工种、时间、地点的限制;转移到城市的农民,其土地难以流转,即便撂荒也要受到种种限制。那些愿意多种地的农户和试图进行规模化经营的企业又不能获得大量的土地。制度的壁垒阻碍了供给和需求双方的交易,影响了市场竞争的效率,进而对单个的农户和农业企业的竞争力的提高也会产生消极的影响。

农业的退出壁垒高于进入壁垒,退出机制缺失,农业的这些市场特征表明,农业领域存在着过度竞争。

农业过度竞争市场结构降低了资源配置的效率，制约着农业市场绩效的提高。

农业的过度竞争扭曲了市场机制的正常调节作用，导致市场无序现象频频发生。农业的过度竞争，首先表现为市场的过度进入，农民的过度进入会把市场上可能存在的用于产生和维持信誉的经济租金降为零。缺乏足够的经济租金，农民将倾斜于追求短期生产目标，由此导致市场在资源配置方面产生"逆淘汰"，并产生市场的无序进行。市场运行一旦出现无序状态，不可避免地导致市场信号的失真，农产品市场供求关系失衡，农业资源配置偏离帕累托最优状态，出现资源配置的低效率。

农业的过度竞争不仅表现为市场的过度进入，而且表现为市场集中度低，农民的超小规模经营。在一定条件和一定时期内，农业的市场容量是一个相对稳定的有限量。农民的过度进入和家庭承包责任制按人均分配土地使用权的土地经营制度，致使农业内呈现出数量众多的小规模农民近似地均分市场总容量的现象，可以用表达式表示为：

农民的经营规模＝农业市场总容量/农民总数量

从表达式可以看出，在农业市场总容量一定的条件下，农民的数量越多，单个农民的经营规模越小。中国农业的高度分散化，致使未达到规模经济水平的农民成为农产品市场的主要供给者，农业缺乏规模经济效益。

农业的过度进入和农民的超小规模经营，正是导致农产品价格低迷和其他不正当竞争行为的重要诱因。在农业过度竞争的市场条件想，市场进入壁垒过低而退出壁垒过高，农业内存在这大量生产能力过剩和农产品供给过剩，农民作为市场价格的既定接受者，只能以持续下降的农产品价格出售农产品。尽管农产品价格的下降可以增加一部分消费者剩余，但却使生产者剩余大量减少。当生产者剩余减少的幅度超过消费者剩余的增加的幅度时，则农产品价格的下降导致社会总福利的减少，从而导致社会资源配置效率的下降。

第三章

农业市场结构的优化

第一节　农业市场结构优化的目标与定位
第二节　农业市场结构优化的发展方向

提高中国农业总体的发展应着重于调整和改善中国农业不合理的市场结构。本章通过研究首先确定市场结构优化的目标与定位，同时，提出农业市场结构优化的发展方向，来更好地满足农业市场上消费者的多样需求，进一步促进农业市场的发展。

第一节　农业市场结构优化的目标与定位

提高中国农业市场绩效的路径选择应着重于调整和改善中国农业不合理的市场结构。具体的目标及定位如下。

农业在很多国家里占有重要地位，各国都在为自己能在国际市场上占有一席之地以促进农业的持续发展而制定了一系列发展战略和政策。我国是农业大国，农业经济的可持续发展对经济的持续发展至关重要，农业市场结构对农业经济的持续发展意义重大。中国农业市场结构优化目标如下：构建中国农业有效竞争的市场结构，促进农业的有效竞争，提高农业内部的资源配置效率；实现农业市场结构优化，提高经济效益。建立规模更大、管理更先进的现代化农业市场；实现农业储存、运输、加工、销售等硬件基础设施的发达，通信、金融、信息等软件服务系统的完备；市场法规及交易规则完善合理、实施有利；市场运行通畅，对宏观调控反应灵敏；形成开放式市场，连通国际市场。

所以，选择完全竞争的市场结构是不可取的，也是不现实的。首先，完全竞争市场的长期均衡是依靠市场机制的自发作用来实现的，在这一过程中，不可避免地会出现频繁而剧烈的市场波动。农业生长周期；较长及农业消费具有不可替代性，决定了社会无法容忍粮食市场过于剧烈的波动。其次，中国农业市场的发育尚处在较低层次，在这种情况下，完全放任市场对农业流通的调节，必然会引发过度的市场投机行为，其结果是少数人从中得利，而广大的生产者，消费者深入其害。最后，完全竞争对农民行为和市场信息的传播等方面都有严格的要求和假设，当这些要求得不到满足时，市场的效率将大打折扣。从中国的实际情况看，这些要求现在达不到，恐怕将来也达不到。即使是在高度发达的市场经济国家也不存在完全竞争的市场。

同样，农业市场选择垄断结构也是不可取。首先，垄断必然会导致低效率。多年来的实践证明，处于垄断地位的国有企业很给灵敏地适应市场供求的变化。

无法使农产品市场达到平衡状态。其次，垄断者会通过调整垄断价格，占有一部分消费者剩余，获得高额利润，从而侵犯消费者利益。总而言之，中国农产品市场结构的现实选择应该是垄断竞争市场。中国农业垄断竞争市场结构对市场组织形式的要求有：①农产品生产者进入农产品市场要通过中间性组织（农产品市场中介组织或各种农业协会）进入。②生产者与中间性组织之间的规制结构是三方规制或双方规制（三方规制指协约双方和受邀仲裁人一起组成的组织形式）。③双方规制则只需协约双方共同组成，但各方仍保持独立地位。④中间性组织内部交易量小，主要因为农产品的公共性程度很大，农产品的品质差别不大，因此，作为农产品经营的中间性组织其内部之间交易很小。

第二节　农业市场结构优化的发展方向

一、从计划农业向市场农业优化

我国实行计划经济体制，农业也实行计划经济体制。国家通过制定各种计划，对农业生产和资源配置进行高度集中的调整和管理。计划农业的弊端十分明显，导致我国农业长期短缺，我国经济逐步走市场化改革发展道路，我国农业调整和计划配置规模不断扩大，市场调节和配置范围逐步扩大，农业生产规模不断扩大。在我国农业资源配置中的基础性作用不断增强。同样的过程也是农业由计划调节向市场调节转变。但从目前的实践来看，转变和发展的关键是在现有体制基础上打造"正规管理"与"市场机制"的新平衡机制。众所周知，党的十五大以来，我国农业农村经济发展进入了一个新的阶段，伴随着很多新特点的出现。家庭承包经营制度不断加强和完善，农村联合经济、合作经济有所发展，土地承包经营关系迈入第二轮"三十年不变"。我国正在逐步推动土地经营权关系的变革和创新；农村营销步伐不断加快；农业产业化的可持续发展影响着相关产业，特别是农村非农产业（二、三产业）。发展发挥了自身的推动作用，农业产业结构和产品结构合理化水平不断提高，初步形成了以粮食、经济作物、饲草为主导的"立体产业格局"。同时，产品结构体系由"特色、高效、优质"农产品构成。农业产业布局逐步合理化，主要农产品逐步向高效产区集中，公司逐步走出低谷，城乡经济互动发展，农村城镇化率不断提高增加。

换句话说，这些新功能不仅标志着我国农业和农村经济的新增长阶段，而且即使在新的发展阶段，国家也面临着更多新的任务，在农村农业经济转型发展方面。在新的发展阶段，家庭集体联产承包责任制提高了农业的自我积累和自我发展能力，但其对农业变革和发展的推动作用逐渐减弱。

但在基本事实领域，农业的发展已经迈入了一个全新的阶段，但其中心（家庭联产承包的责任制度）并没有发生深刻变化。更快地实现农业增长的方法已不断增强和改善该系统的基础，并已成为农业发展的新一步的主题。

二、从传统小农业向现代大农业优化

国内传统农业的特征可以从企业规模、技术应用、耕作方式、组织层次、市场认知度等多个方面进行描述，将这些描述结合起来，就可以厘清国内农业的本质特征。因此，通常意义下，我国传统农业可称为"小农户"，"小农户"通常提供"小市场、小经营"，让农业这一产业的发展越来越变得弱势化。即使国内的家庭承包责任制是活跃的，根据情况进行制度变革的空间也有限，继续制度变革的成本将会增加。

因此，家庭联产承包责任制虽然实现了对传统集体经营体制的替代，但无论是经营形式还是生产机制，都从集体回归到家庭。也就是说，这种衰退现象至少说明了规模我国农业的组织化程度其实比较低。进一步调查表明，在家庭联产承包责任制下，农业技术应用、基础设施投资、防范市场风险的能力其实很薄弱。这说明，虽然我国有实现了农业经营体制的转变，弱小农户的本质依然存在。那么，如何消除小农户的脆弱性，强化家庭联产承包责任制呢？目前学界已基本达成共识，即限制家庭承包责任制的制度变迁，即通过各种创新的制度安排实现预期的制度收益增长。其中，一个有特色和代表性的"创新制度安排"是生产"组织形式"的创新或转变，即"管农"变回"以农户为主体的集体管理为单位"。在我国农村，存在着大量的"合作农业""农业股份制""农业合作制""农业产业化"等多种经济形式。作为一种新型的农业经营方式，这种经济形态具有前所未有的优势，是我国实现传统小农向现代大农转变的必由之路。

三、从封闭农业向开放农业优化

我国最丰富的要素是人力，而钱、土地和高新科技则较为稀缺。相比其他行业，我国农业属于劳动密集型产业，我国农业的相对优势集中在人力资源上，因

第三章　农业结构转型的必要性

此，主要目的是将我国的相对资源转化为相对竞争优势，即如何让我国的农业劳动力资源得到最合理、最高效的配置。但在封闭的农耕体制下，这种转变机制受到严格限制。封闭式农业又称"内向型农业"，其基本特征可以概括为"国内生产、国内市场、国内分工"，其利益总是很低。发展"外向型农业"是我国农业发挥比较优势的必由之路，"外向型农业"遵循"两个市场、两种资源、国际分工"的发展方针。将国内市场与国际市场有机衔接，将国内分工有效融入国际分工体系，按照比较优势原则组织经济资源，规范农业。因此，从理论上讲，农业开放将使我国农业更多地从世界农产品贸易自由化中得到更多的经济效益。

但开放带来的预期效益并不等于经济的实际效益。在经济发展到一定阶段，开放带来的预期效益取决于实际情况，比如农业开放的质量和数量。农业的开放程度和农业本身所具有的性质密切相关，农业越弱，对外开放越难启动，开放程度越弱，越难以有效改变农业的比较优势。因此，开放农业与改造农业发展实际上是一个辩证综合的过程。从封闭农业到开放农业的桥梁是农业。这可以从两个方面来解释：一是国内市场需求扩大有限，我国家对农业发展的需求是不可能的。完全依赖国内市场需求。我国从上世纪 70 年代和 80 年代开始农村经济改革以来，国内市场对农产品的需求一直是重要的限制因素。例如，上世纪八十年代中期"难销"的农产品成为制约以家庭承包责任制为基础的绩效提升制度变迁（绩效提升收益）的主要力量；由于供应限制，农业承受着巨大压力；90 年代后期经济增速持续下滑，严重制约了国内农业方面的飞速发展。国内主要农产品市场需求严重不足，需求增速持续下滑，说明对国内市场需求的拉动作用十分有限。然而，农业产业化是实现农业产业化的重要途径、中国农业已有效融入国际市场。国际市场是一个有严格"标准化"和"贸易规则和限制"的市场。因此，农产品在国际市场上的流动也受到严格的组织和标准化。农产品的经营需要农产品按照国际惯例或规则进行运输，否则难以有效进入国际市场，这就需要规模化、专业化、组织化、技术密集型的农业生产。以前的规模很小的农业终究会被淘汰，只有现代农业才能有效融入国际市场，现在的问题是，我国农业现代化水平仍然较低，农业生产的规模化、专业化和技术集约化还很有限。想要在国际分工中并取得预期的比较优势，就必须从根本上改变我国传统的小规模农业生产方式。可见，虽然国际市场对我国农产品的实际需求很高，但由于我国农业生产规模较小，这种有效需求的实现较为有限。农业产业化经营方式的变革和发展以及我国农业现代化水平的不断提高，构成了国际市场将潜在需求转化为现实需求的基础。

四、从集约化农业向可持续绿色农业优化

绿色农业开发是以市场为指导,以生态、环境、土地资源协调利用为根本条件,以发展现代工业经济为根本,以技术创新为保证,以经济、社会、环境和谐发展为主要目的,以维护人类环境,科学使用土地资源和协调人与自然的发展为主要特点的现代经济方式。通过绿色农业开发,农民不仅能够充分利用农村土地资源、实现农业节约减排,还能够合理处理农村经济社会的发展需要以及农村在土地资源环境约束下的矛盾,而且还能够适当扩大农村市场需求、创造农村社会的基本就业。绿色农业发展在世界范围内早已成为了一种趋势,我国的农业发展是必然趋势的。就我国农村建设而言,肯定也是如此。

国务院办公厅一号文件精神中指出:"加快形成资源利用高效,生态系统稳定,产地环境良好,产品质量安全的农业发展新格局。"我国农业区域广阔,但地域差异较大。发展绿色农产品应从区域优势出发,并充分考虑农业资源优势、气象环境、经济发展特点、社会功能定位、环境政策及相关要求,因地制宜地探索绿色农产品发展的方式和机制。

一是确立了发挥农产品生态功能的农业环保政策措施。往,人们普遍意识到了农业的经营作用、增值功能和就业作用,但同时又常常忽略了对农产品的农业保护作用。但实际上农业本身也属于生态的农村生产体系,只不过在生产农业资源匮乏阶段,尤其在生产农业商品的低收入阶段,人类总是过分发展了农业商品生产系统功能,却忽略了农业资源保障和农村环境修复的功用。目前中国全国共有十八点二六亿亩农田,以及草地、树林、沼泽、沙滩等未利用农田。而这既是规模庞大的农业商品生产基地,也是规模宏大的农业生态系统。农作物生产本来是在吸收超临界转速二氧化碳、固氮废气,分解为固态和气状废弃物。但是农业农民只是在默默地进行为大自然的献身,却没有获得实质性的经济收益。需要采取相应政策,运用农产品价格平衡理论和农村土地收益分配原理,通过制定更加有力的政策,重塑农产品多重收益关系,让农民共享环保收益,进而达到发展农村经济和农户对生态的获得性。比如参考当前的全球碳安排和碳贸易体系,研究切实可行的政策措施,研究怎样把在工业与城镇化中的纯粹获取资源和废弃物排放部门所获得的直接收益和增加利润,向农村行政部门最大化的收益倾斜。

第二步是坚守国家土地自然资源保护红线和农村生态环境底线。当前我国人均耕地一点三九亩,仅占世界平均水平的五分之二。国家的水资源规模只占全世

第三章 农业结构转型的必要性

界的百分之六,国内人均收入也只占世界平均水平的四分之一。目前面临着日益增长的农业消费需求,但同时存在着严峻的农业资源约束,所以必须牢牢抓住我国近十八亿亩的耕地资源和人均粮两个重要规划红线。实施国家基本农田规划建设,优先保障农业生产生活用水供给。要科学合理的明确耕地、牧场、森林、水体和未利用土壤的承载与环境空间区域范围和层次,科学谋划农业的生产空间、生活空间、环境空间。合理调整建设密度和投资开发强度,防止由于城镇化建设和工业开发等破坏农业用地,给我国的发展建设农业开发预留出的富余地。尤其要加大对农业资源和农村环保领域的支持力度,着重推动可持续开发治理、水源保护区污染等农业生态面源环境综合治理项目。对生态环保脆弱地方,根据退耕还林、退牧还草的政策,优先进行休耕轮作试点。

第三步是加快推进中国特色农业供给侧结构性改革。优先发展绿色生态农产品,将是中国农村供给侧结构性改革的关键切入点。要彻底改变传统农业销售的成本投入太少、售价过低,而另一头又是传统优质产品供应不够的现状,地方政府就必须采取相应政策措施,优先发展绿色生态的农业产品生产。在良好的环境里面谋求收入,让广大农户利用环境和自然资源获得了实实在在的收获,而农民们也就不仅仅是靠生产经营提高了收入,同时更是靠生态服务提高了收入,进而步入生态发展致富之路。

第四步则是大力发展绿色高效的农业科技。着力搞好对生物肥料、除虫剂、兽药,以及农用投入品生产加工等新技术领域的科研发展与技术推广。重点抓好对测土配方施肥、旱作节水、水肥一体化,以及农民生产特色的精深加工、仓储保鲜等现代农业科技研发与应用研究。要着力推进农业物联网科技和农业生态智能技术等现代农业科技的融合。积极推动互联网、云计算、农业物联网、遥感探测和控制等农业现代技术发展和运用,借助互联网信息化的高效监测和精细化控制,有效降低农村资源要素成本,提高农村单位的产出效率,积极促进农业能源节约高效。

第五步是尽快建立绿色生态农业的新标准。建立绿色生态农业产品规范和农产品质量标准体系,是绿色生态农产品技术推广和农业产业化健康发展的关键保障。通过有关规范的建立,进一步推动农产品资源的全面开发和全面应用,进一步推动绿色食品生产规范化和标准化,进一步发挥有关规范的科技支撑、技术标准、科技指导和技术保障的功能,进一步提升绿色生态农产品的生产开发层次和技术水平。

第六步，则要逐步加大对新型农村经营主体的培育力度。新型乡镇的生产经营主体，是我国社会主义现代农业建设的重要生力军，是绿色经济发展和新农村经济社会发展的主导力量。要充分发挥对种粮大户、家庭农场、农民合作社、农业生产中的龙头企业等新型农业经营主体的示范带动功能，同时通过重点支持一批新型农业经营主体引导和促进在绿色经济建设下的农业发展。

第七步是深入创新多样化的绿色生态发展业态。随着现代农业技术的不断进步，以及农村产业链条的进一步拓展，农产品除为人类带来粮食、纺织等基本资源之外，还应进一步丰富能源、化工、医疗等方面的新兴产品，以提高绿色生态农产品的休闲观光、科技传播和发展的能力。

第四章
绿色农业发展的科学理论

第一节　绿色农业发展的内涵与特征
第二节　绿色农业发展的理论框架
第三节　绿色农业发展的外延
第四节　绿色农业发展的系统研究方法
第五节　绿色农业发展的评价体系
第六节　绿色农业发展的科技创新

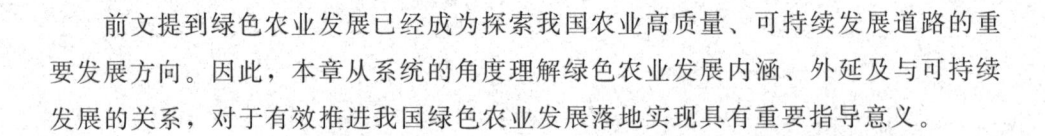

前文提到绿色农业发展已经成为探索我国农业高质量、可持续发展道路的重要发展方向。因此，本章从系统的角度理解绿色农业发展内涵、外延及与可持续发展的关系，对于有效推进我国绿色农业发展落地实现具有重要指导意义。

第一节 绿色农业发展的内涵与特征

一、绿色发展及绿色农业的内涵

绿色发展是推进生态文明建设的基本途径和方式，也是转变经济发展方式的重点任务和重要内涵。党的二十大报告中提到要站在人与自然和谐共生的高度上谋划发展，要加快农业发展方式绿色转型，实施全面节约战略，发展绿色低碳产生，倡导绿色消费，推动形成绿色低碳的生产方式和生活方式。推进绿色农业发展，是贯彻落实新发展理念、推进农业供给侧结构性改革的必然要求，是加强资源环境保护与生态安全、实现可持续发展的必然选择，是发展优质、高效、生态、安全农业，全面提高农产品质量安全水平的有效途径，也是切实增加农民收入、加快建设现代农业的重大举措，是实施国家生态文明和乡村振兴战略的"主抓手"。

绿色农业发展是以绿色发展理念为引领，以农业全产业链绿色发展为核心，以资源环境承载力为基准，以生态环境质量为约束，以绿色科技与体制机制创新为驱动，以优质、安全、充裕农产品供给和人体营养健康为目标，构建多学科交叉、政产学研用一体化创新模式，逐步形成产业兴旺、生态宜居发展格局的农业发展方式。

二、绿色农业发展的特征

资源节约高效是绿色农业发展的基本特征。绿色农业发展将实现经济、社会和环境的可持续发展以及营养健康的食物供应作为绿色发展的目标。资源投入不但关系到食物系统的产出数量，也关系到氮、磷、重金属和农药等向环境的排放及生态环境效应和资源的可持续利用。在复杂的系统内如何分配、利用、节约、循环有限的资源，实现资源效益的最大化，降低向生态环境的排放是绿色农业发展研究的根本问题。其途径主要包括：①从源头端节约资源投入，减少不必要的浪费；②从过程端加强管理，充分利用绿色农资、绿色技术，提升资源利用效率；③从系统间优化资源配置，强化上下游匹配和循环利用，最大化利用资源；④从末端加强回收利用和综合治理，减少向环境的排放。

环境友好是绿色农业发展的内在属性。绿色农业发展需要从山水林田湖草生命共同体的角度系统考虑农业绿色生产，大力推广绿色生产技术，降低环境压力；加快农业环境突出问题治理，提升环境质量。可以通过：①构建系统解决方案，从源头控制农业化学品的输入量，增加绿色农资投入和替代比例，同时防止工业和城镇污染向农业农村转移，从中端加强农业生产环节管控，降低环境排放量，从后端加强农作物秸秆、废旧地膜和包装等废弃物资源化利用等农业清洁生产措施，不断提升自然生态环境质量；②提升农民环境保护意识，增强农村群众保护环境的主动性，杜绝严重危害生态环境行为，全面提升农村环境质量，促进农业农村的绿色发展；③完善生态环境立法，形成完备的生态环境法案，做到有法可依，同时加强生态环境执法强度，有法必依，执法从严，严防重大生态环境污染事件的发生。

多目标协调是绿色农业发展的必然要求。绿色农业发展涉及自然生态系统、食物系统以及社会经济系统，强调生产、生活与生态的"三生"协调。不同利益主体协同，其核心是实现社会效益、经济效益、生态效益的最大化(图4-1)。自然系统提供了农业生产和人类生活所必需的场所、物质和能量，以支持包括人类在内的生命系统的生长和进化。食物系统包括种植、养殖和水产等生产过程，以及其后续贮存、运输、加工和消费相关的全链条。社会经济系统是以人为核心，包括社会、经济、教育、心理、文明、科技等领域，涉及人类生存诸多因素的复杂系统。社会经济系统是人类活动的主要场所，自然系统提供了人类生存最基本的资源，食物系统衔接于二者之间，又受到二者的影响。通过生产系统、生态系统、生活系统的和谐统一，山水林田湖草生命共同体的共同治理与保护，实现产业兴旺、环境友好、生态宜居的多目标协同成为绿色农业发展的必然追求。

学科交叉是绿色农业发展的内在动力。绿色农业发展的内涵决定了其复杂性和综合性。绿色农业发展包含种养系统、食物加工消费系统、人类社会经济系统以及生态环境系统等多个子系统。绿色农业发展研究旨在创新全产业链系统理论和各学科界面交叉理论，以农业全产业链物质循环及其生态环境效应的定量分析、系统设计、综合创新、区域验证、优化实现为主线，解决绿色农业发展各交叉界面融合的关键问题，提出区域绿色农业发展的实现途径，重点突破水—土—气界面、土壤—植物界面、种植—养殖界面、生产—消费界面、系统优化—落地验证界面五个交叉界面上的前沿科学问题和关键技术，揭示界面间的耦合机制，阐明区域绿色农业发展的实现途径(图 4-2)。另外，多学科交叉也是绿色农业发展的必要前提，通过多系统整合和政产学研农多主体协作，将科学技术进步与产业发展、社会需求有机结合，以科技促发展，以发展提要求，才能快速推进我国绿色农业发展的落地实现。

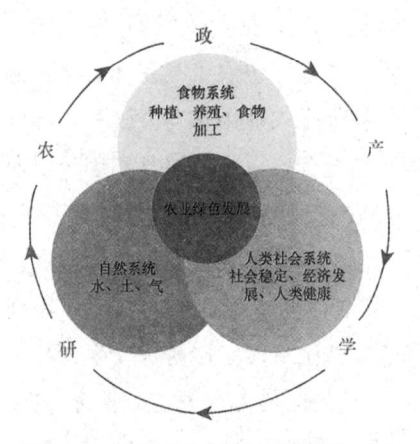

图 4-1　绿色农业发展的边界及内涵

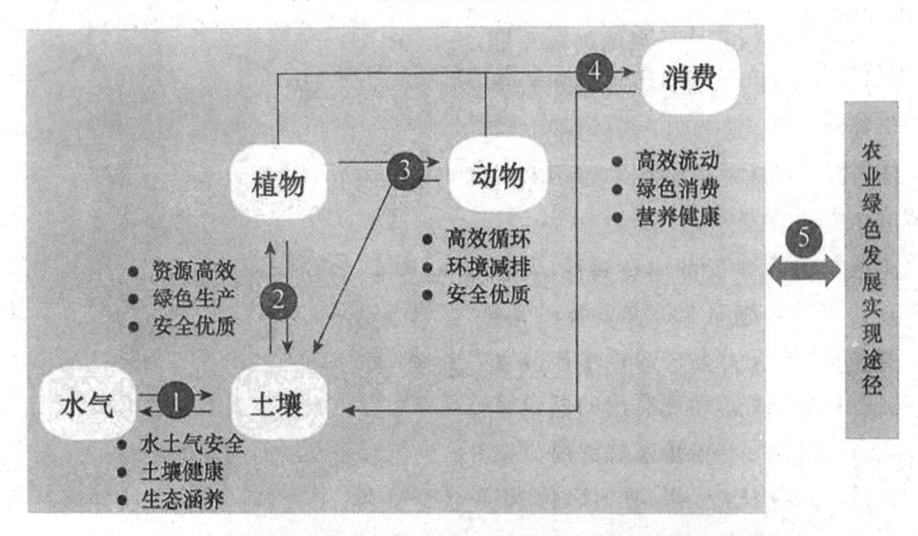

图 4-2　绿色农业发展科学命题与系统设计总体思路

①水—土—气界面；②土壤—植物界面；③种植—养殖界面；

④生产—消费界面；⑤系统优化—落地验证界面

全产业链提升是绿色农业发展的实现途径。种植系统作为初级生产系统，与养殖系统结合，向运输、贮藏、加工等产业延伸，组成了整个食物系统，供给了几乎人类社会所必需的全部食物，同时是生态环境的重要污染物排放来源。合理

第四章 绿色农业发展的新挑战与新思路

配置资源、系统提升食物系统生产与供给能力是保障人类营养健康，实现绿色生态环境的重要前提。市场作为食物的流通交易场所，链接食物生产与消费系统，有效协调了农业主产区食物生产过剩和农产品消费区食物需求旺盛的问题，充分发挥了农业对社会经济稳定快速发展的压舱石作用。食物生产与消费系统之间存在着双向的支撑与反馈，体现为社会、经济、生态环境系统间的交互（图4-3）。构建全产业链解决方案，突破食物生产、加工、消费与生态环境治理中的关键瓶颈，集成组装全产业链绿色生产技术，是最大限度解决经济与环境矛盾，协调绿色和发展的关系，实现绿色与发展协同提升的重要途径。

综上所述，绿色农业发展包含绿色和发展双重内涵，是未来我国农业发展的必由之路，对于维持我国粮食安全、乡村振兴和生态安全战略具有重要意义。通过对绿色农业发展科学内涵的梳理，能够加深对绿色农业发展理念的认知，为推进我国绿色农业发展提供坚实的理论支撑，同时为世界上众多以小农户生产为主的国家农业发展道路提供案例与经验，共同推进世界可持续发展。

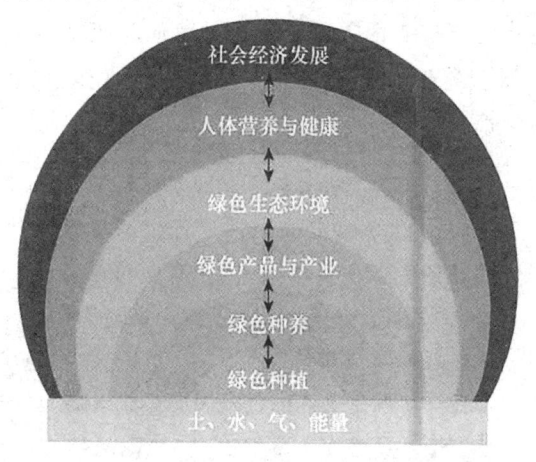

图 4-3 绿色农业发展的研究尺度与单元

第二节 绿色农业发展的理论框架

一、绿色农业发展的框架体系

推进绿色农业发展，是贯彻新发展理念、促进农业可持续发展的重大举措，对保障国家食物安全、资源安全和生态安全具有重大意义。党的十八大以来，党中央、国务院作出一系列重大决策部署，绿色农业发展实现了良好开局。绿色农业发展的理论核心是农业生产与生态环境和社会经济发展的协同，即农业生产应基于资源的承载能力和生态环境的承受能力，通过降低资源投入，增强系统耦合，减少资源消耗；通过科技创新提高资源利用效率，降低向环境的排放，进而实现绿色与发展并重。因此，绿色农业发展的框架体系包括：一个系统、两个重心、三个支柱、四个板块、五个界面、六大支撑体系（图 4-4）。一个系统指绿色农业发展需要从整个系统的角度进行协调发展与全面提升；两个重心是指绿色农业发展要兼顾农业的"发展"和生态环境的"绿色"两个重心；三个支柱是绿色农业发展的方向需要协同资源节约保育、食物（营养）安全和生态环境可持续三个维度的共同发展；四个板块是推进绿色农业发展落地的主要对象，分别为绿色种养系统、绿色产品与产业系统、绿色食品与消费系统、绿色生态环境系统；五个界面是进行学科交叉研究的主要界面，分别为水—土—气界面、土壤—植物界面、种植—养殖界面、生产—消费界面、系统优化—落地验证界面；六大支撑体系是实现绿色农业发展的重要保障，分别为技术体系、标准体系、产业体系、经营体系、政策体系、数字体系。

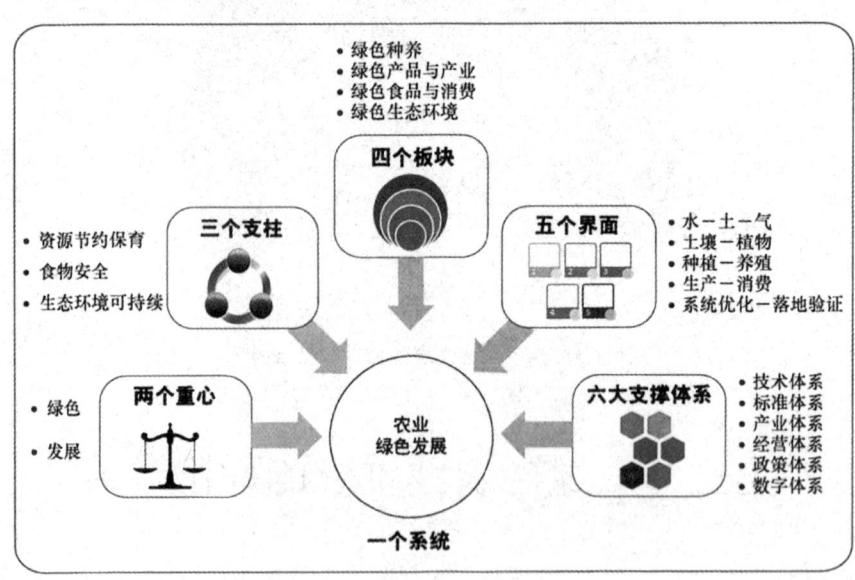

图 4-4 绿色农业发展的框架体系

二、绿色农业发展的理论基础

（一）绿色农业发展是"两山理论"的具体体现和深化

"两山理论"是"绿水青山就是金山银山"思想的简称。"绿水青山"指资源节约和环境保护，其具有多种内涵：第一，"绿水青山"是一种自然生态环境，或者说是经济开发利用之前的生态环境；第二，"绿水青山"是优质的、稀缺的自然生态环境，特指一个地区具有而其他地区没有，或者本地区好于其他地区的生态资源禀赋；第三，"绿水青山"包括有形的生态资源和无形的生态服务功能。"金山银山"指经济发展，从更加广义的概念来说，"金山银山"是与经济收入水平相关的民生福祉，表现为经济和社会发展两个范畴，前者为经济收益概念，后者为民生幸福概念。

"两山理论"是生态文明思想的重要组成部分。2017年10月，党的十九大报告正式提出"必须树立和践行绿水青山就是金山银山的理念"。

"绿水青山"与"金山银山"之间既是矛盾的，又是辩证统一的。我国对"两山理论"的认识可大致分三个阶段：第一阶段是用"绿水青山"换"金山银山"，经济发展优先，不考虑或者很少考虑环境承载能力；第二阶段是既要"金山银山"，又要"绿水青山"，由于经济发展和资源匮乏、环境恶化之间的矛盾越发凸显，人们意识到环境是人类生存发展的根本，经济发展的同时必须要留住"绿水青山"；第三阶段是"绿水青山"本身就是"金山银山"，将生态环境优势变成经济发展优势，实现共赢，包含了循环经济和可持续发展理念。

"两山理论"与绿色发展理论一脉相承，指人类发展不仅要发展好经济，还要保护好生态环境，要在发展的同时保护好生态环境，在保护生态环境的同时实现发展，实现发展与生态环境保护的双赢。

在农业生产领域，更需要"两山理论"的全面支撑与深化。绿色农业发展强调经济效益、生态效益、社会效益的统一与最大化。绿色农业发展的基本原则是绿色与发展的协同。农业生产提供了社会绝大部分的生活必需品，打造了粮食安全和经济发展的"金山银山"，在生产中，通过绿色技术的应用，组织模式提升，体制机制改革，降低农业生产的环境排放，提升农产品产量和品质，增加产品竞争力和产品产值，既要"绿水青山"又要"金山银山"。其次，绿色农业发展要注重绿色的赋值，为消费者提供更为健康、优质、放心的农产品，将"绿水青山"的生态价值、绿色生态环保的文化价值赋值于农业生产，提高农产品价值，把"绿水青山"变为"金山银山"。我们更需要意识到农业不仅提供粮食和生产资料,还具有涵养水源、防风固沙等生态功能,其既是"金山银山",又是"绿水青山"。整体而言,绿色农业发展是"两山理论"在农业生产领域的具体应用和巩固深化,为我国绿色农业发展、农业产业振兴和人民共同富裕提供了重要的理论支撑。

(二)绿色农业发展是可持续发展理论在农业的应用和深化

1962年,美国女生物学家Rachel Carson发表了一部引起重大轰动的环境科普著作《寂静的春天》,描绘了由农药污染引发的可怕景象,在世界范围内引发关于发展观念的争论。1981年,美国学者Lester R. Brown出版《建设一个可持续发展的社会》,首次对可持续发展观做了系统阐述,可持续发展理论基本形成。1987年,联合国世界与环境发展委员会发表报告《我们共同的未来》,正式提出可持续发展概念,并以此为主题对人类共同关心的环境与发展问题进行了全面论述,受到世界各国政府组织和社会公众的极大重视。1992年联合国环境与发展大会上正式确立了可持续发展是当代人类发展的主题。

可持续发展理论是指既满足当代人的需要,又不对后代人满足其需要的能力构成危害的发展,以公平性、持续性、共同性为三大基本原则,最终目的是达到共同、协调、公平、高效、多维的发展。公平性原则包括本代人间的公平和代与代之间的公平,即代内之间的横向公平与世代之间的纵向公平性相协调。可持续发展要满足当代人美好生活的需求,可持续地利用有限的自然资源,实现当代人与未来各代人之间的公平。持续性原则是指生态系统受到某种干扰时能保持其生产力的能力。资源的持续利用和生态系统的可持续性是保持人类社会可持续发展的首要条件。因此,要求人们合理调整生活方式,合理开发利用自然资源,保持再生性资源的再生产能力,不过度消耗非再生性资源并得到替代资源的补充,环境自净能力能得以维持。共同性原则是指可持续发展关系到全球、全人类的发展。每个国家或地区都是地球不可分割的子系统。因此,可持续发展追求的是整体发展和协调发展,即共同发展要实现可持续发展的总目标,必须争取全球共同的配合行动,这是由一个地球的整体性和相互依存性所决定的。

可持续发展涉及可持续经济、可持续生态和可持续社会三方面的协调统一,要求人类在发展中讲究经济效率、关注生态和谐,追求社会公平,最终达到全面发展。在经济可持续发展方面:可持续发展不仅重视经济增长的数量,更追求经济发展的质量。改变传统的以"高投入、高消耗、高污染"为特征的生产模式和消费模式,实施清洁生产和文明消费,以提高经济活动中的效益,节约资源,减少废弃物产生。在生态可持续发展方面：可持续发展要求经济建设和社会发展要与自然承载能力相协调。发展的同时必须保护和改善地球生态环境，保证以可持续的方式使用自然资源和环境成本，使人类的发展控制在地球承载能力之内。在社会可持续发展方面：世界各国的发展阶段可以不同，发展的具体目标也各不相同，但发展的本质应包括改善人类生活质量，提高人类健康水平，创造一个保障人们平等、自由、教育、人权和免受暴力的社会环境。

马文奇等（2020）利用 DP SIR（驱动力—压力—状态—影响—响应）理论，比较了绿色农业发展和农业可持续发展的异同。两者的不同主要体现在绿色和发展能否协调实现的理念上，绿色农业发展更强调不能因为保护资源环境而牺牲发展，更不是污染转移的权宜之计，需要绿色技术与模式促进发展，通过发展进一步带动绿色，最终促进绿色和发展的同步提升和全球实现。从应对资源和环境的约束上来看，绿色农业发展的主动性更强，但整体而言，绿色农业发展与可持续发展的理念均强调可持续的发展方式，在发展中要协调实现发展与生态环境保护，减少对生态环境的负面影响。

（三）绿色农业发展是多学科、多发展理念的交叉融合

发展是解决人类社会逐渐增长的物质和精神需求的必要手段，也是社会进步的动力所在。农业生产是农业经营主体对劳动、资本、信息、技术等生产要素按照收益最大化原则进行要素最佳配置的决策过程。因此，利润最大化原则支撑着生产者的行为。但历史经验证明，农业生产发展不能以牺牲生态环境为代价，必须充分考虑生态资源环境的承载力，向绿色发展转型。

绿色农业发展追求全产业链的绿色生产。与狭义的农业绿色种植技术不同，绿色农业发展包含产前农业生产要素投入，产中农业生产技术支撑与管理，产后农产品加工、运输与销售的全产业链，强调"从农田到餐桌"的全链条的绿色技术应用，不同系统间的循环与融合、全链条关键问题提升方案。绿色农业发展需要统筹农学、经济学、生态学等多个学科，多学科交叉是绿色农业发展的重要理论基础。

绿色农业发展的关键问题是如何协同绿色与发展，不能为了发展牺牲生态环境，亦不能为保护生态环境而放弃发展。其核心是一系列农业科学理论、发展科学理论、生态科学理论的交叉融合，最大化农业生产力的同时最小化生态环境效应，部分核心理论总结如下。

1. 木桶理论

木桶理论最初是由 Laurence J. Peter 提出的，主要用于企业管理，随后被拓展至各个领域。在农业养分管理科学中，农业生产如同多块木板箍成的木桶，盛水量是由这些木板共同决定的，特别是其中最短的一块木板，该短板即木桶盛水量的"限制因素"（或称"短板效应"）。

传统木桶理论表达的意义是农业生产的各项技术措施与养分供应不应出现明显的偏颇和短板，这样才能达到最高生产力。随着木桶理论的发展，新木桶理论指出，木桶的储水量除了短板因素外还取决于木桶的直径大小，指农业生产最大生产力实现还取决于耕地地力水平和产量潜力。另外，木桶的使用状态和相互配合也显著影响木桶的最终储水量。在特定使用状态下，通过把木桶向长板方向倾斜或将长板截下补到短板处，通过相互配合增加一定储水量。因此，木桶理论泛指在农业生产中要综合考核各项技术间的匹配组合，最大化其正交互效应，进而最大化农业生产力。该理论可扩展至农业全产业链，指在全产业链中不应存在明显的"短板"。

2. 报酬递减律

报酬递减律是农业的基本规律，也是目前确定农业生产合理投资的理论基础。报酬递减律是指在既定条件下，在单位面积上连续追加投入的劳动和资本，当投入的劳动和资本超过一定界限时，追加部分所得报酬会逐渐减少，从而使农业生产总收益的增加呈现递减趋势。

但报酬递减律是有条件的、相对的，仅适用于技术不变的情况。当科学技术有新突破且被广泛应用后，报酬递减律又会在新的条件下重新出现，因此报酬递减表现为梯度式的周期性变化。虽然报酬递减不意味着生产力停止增长，但随着资源的投入，单位资源的生产效率逐渐降低，对生态环境的负面影响越大。正确认识和应用这一规律，对发展我国农业生产、提高经济效益、最大化生态服务功能具有十分重要的理论意义和现实意义。

3. 循环经济理论

循环经济理论是美国经济学家波尔丁在20世纪60年代提出的。波尔丁受到宇宙飞船启发，将该理念用于分析地球经济的发展。他认为地球如同飞船一样是一个孤立无援、与世隔绝的独立系统，靠不断消耗自身资源而运转，最终将会因资源耗尽而毁灭。只有实现对资源循环利用的循环经济，地球才能得以长存。

当前，单一线性的农业经济发展模式产生了大量有害物质，危及生态环境。同时，不可再生资源储量急速降低，影响了经济的可持续发展。基于资源循环再利用的循环经济理论是解决上述问题的关键。循环经济的核心是物质和资源的循环利用，重新定义产品和服务来控制废弃物的产生，实现物质和资源的闭合流动，尽可能减少负面影响。"4R"策略是实现循环经济的基本原则，即修复（Repair）、再利用（Reuse）、再配置（Recondition）和循环（Recycle）。绿色农业发展同样强调链、环式的资源利用方式，最大化资源价值，降低资源损耗和废弃物产生量，协同实现资源节约、高效、循环，经济发展和生态环境可持续。

4. 低碳经济理论

2003年，英国政府在其发表的白皮书中第一次使用"低碳经济"的概念。白皮书中指出，低碳经济产生于全球气候变暖背景，其核心是降低碳排放，减少温室效应。低碳经济的实质是可持续发展理念的延伸，通过制度创新、技术创新、产业转型、新能源开发等手段，尽量减少煤炭、石油等高碳能源消耗，减少温室气体排放，实现社会经济发展和生态环境保护双赢的发展形态。为保证巴黎气候变化协议所定的控制温度增长在1.5℃范围内的目标，到2030年，全球CO_2排放量需要比2010年的水平下降大约45%，到2050年左右达到碳中和。2020年12月，中央经济工作会议上国新办发布《新时代的中国能源发展》白皮书，明确提出我国二氧化碳排放力争在2030年前到达巅峰，2060年前实现碳中和的目标。这就要求包括农业在内的各行各业实现低碳转化，发展低碳经济。也可通过加强数字技术运用，革新贮藏保鲜技术，优化膳食结构，减少食物浪费等措施能有效降低食物系统的环境效应。

第三节　绿色农业发展的外延

从广义上来看，凡是能提升绿色农业发展水平的行为均属于绿色农业发展范畴。绿色农业发展的外延从全产业链的角度可分为绿色产前环节、绿色生产环节、绿色加工环节和绿色消费环节；从生产要素视角来看，绿色农业发展的外延可分为绿色技术研发与应用、绿色资金投入与产品创制、绿色经营主体培育、绿色信息市场与服务体系建设；从系统提升角度，绿色农业发展的外延可放大至农村产业兴旺和美丽乡村建设。

一、全产业链视角

基于全产业链视角，绿色农业发展的外延是全链条的绿色农业发展行为，包括农业生产产前环节、产中环节、产后环节的全链条绿色发展理念的形成、绿色技术的应用和绿色发展行为的普及。

(1)绿色产前环节主要包括土地利用规划、耕地质量提升、生产资料的开发与制备等一些环节。在区域层面，把节约资源和保护环境放在优先位置，合理规划布局，减少对陡坡、河湖边坡等高风险土地的开发利用，合理制定土地利用规划，同时，加快高标准农田建设，开展土地整治、中低产田改造、农田水利设施建设，在保证农产品可持续供给能力的同时，降低农业污染风险；在生产层面，注重绿色农资的投入，选育高产、高效、抗逆性强的优良品种，开发创制高效、低毒、易降解、低环境效应的绿色农业化学品，研发制备高效、低排放、实用性强的绿色农机具，培育一批服务于绿色农业发展的农资研发、生产、销售、服务主体，提升农业生产力和农产品品质的"天花板"，从源头降低化学品需求，应用低污染、高效率的农资产品与设备减少对生态环境的影响，支撑绿色农业发展。

(2)绿色生产环节以绿色发展理念为指导，从生产环节推广绿色技术的应用，对农业生产经营主体行为进行引导、服务和监管，形成绿色农业发展的良好局面。主要包括的内容如下。①建立绿色生产技术库。依据因地制宜原则，选择一批适用性强的绿色管理技术，如水稻侧深施肥、测土配方施肥技术等，形成适用于典型地区主要产业的全链条管理技术数据库。②建立主要产业绿色生产技术规程。依托国家和地方科研院所和高校，组织一批力量，挖掘绿色生产模式，针对主要农业产业和特色产业形成国家及地方绿色生产技术规程。③建立农业绿色生产管理制度。针对区域关键问题和实际条件，逐步完善覆盖农业生产全部环节的绿色农业发展管理制度，如少耕免耕制度、农资定额管理制度、农资准入制度、农业废弃物资源化利用制度，对接农业生产管理与区域生态环境监测网络，完善区域绿色农业发展水平监管与激励机制，形成农业生态补偿、补奖制度，形成农业经营主体全面服务绿色农业发展的格局。

(3)绿色加工环节链接一产和二产，以低碳、低耗、循环、高效为目标，实施农产品收获、贮藏、加工、流通全过程控制，建立绿色农产品加工体系，促进农产品加工业转型升级发展、农民增收、农村增绿。主要包括：①鼓励农产品产地初加工，支持新型经营主体，集中连片建设冷藏库、烘干房等初储藏、保鲜设施，减少储存导致的农产品损失及环境污染，因地制宜进行高效节能环保的产品初加工，打造农产品仓储—加工—流通综合基地；②推动加工业副产物资源化利用。节约、循环利用农业资源，坚持资源化、减量化发展方向，充分利用农业及农产品加工业副产物，推广肥料化、能源化、基质化、原料化、饲料化全量利用，充分挖掘其增值空间和残余价值，减少环境排放的同时最大化其价值。

（4）绿色消费环节农业生产的核心任务是提供健康优质的农产品，供给市场消费主体。从管理角度要加强农业生产主体绿色产品的认证与监管，建立生产者与消费者的互信机制，在消费端倡导消费者购买、使用绿色农产品，从市场端拉动绿色产业。另外，要将绿色农业发展和可持续发展的理念逐步由生产者扩大至消费者，鼓励绿色消费、绿色饮食等绿色低碳行为，减少食物浪费，建立起全社会支持、全主体参与的绿色农业发展良好氛围。

二、生产要素视角

从农业生产要素的视角，绿色农业发展的外延包括技术研发与应用、资金安排与服务、经营主体培育与认证、信息市场与服务培育等。

（1）绿色技术研发与应用科技是第一生产力，科技进步是生产力提升的内在动力。绿色农业发展相较于传统集约化生产对农业技术提出了更高的要求。开发具有高产、高效、优质特性的绿色生产技术服务于农资生产、农业管理以及加工贮藏等环节，形成一大批绿色技术、专利，通过绿色技术的集成、组装、整装，形成全链条绿色农业发展技术规程，并在区域范围内推广应用是我国绿色农业发展的重要方向之一。

（2）绿色资金投入与产品资金是农业生产的要素之一。合理地利用国家财政资金，安排绿色发展创新专项，鼓励绿色技术研发；成立绿色发展基金，加强生态文明建设与绿色发展的宣传，辅助开展多种形式的生态公益宣传与交流研讨活动，倡导绿色发展理念；鼓励金融机构适当开发绿色金融产品，满足市场主体的绿色资金需求，服务于绿色农业发展；通过补贴、奖励等方式，引导农业经营、服务主体采购、使用绿色农资、农机、农技，充分发挥财政资金、公益基金、社会资本的市场作用，形成服务于全链条绿色农业发展的绿色金融体系。

（3）绿色经营主体培育农业生产要有人经营，人是技术选择、农业生产管理的决策者。加强对农业经营主体的认知培训、技能培训，逐步建立从激励培训、免费培训到有偿培训的绿色经营主体能力建设方案，逐步完善农业经营主体持证上岗、认证上岗的农业经营制度，提高农业经营主体新技术接受能力、使用能力、判断能力等综合素质，从生产决策者的角度出发，提高绿色技术的普及应用率，培育一批懂农业、爱农业、支持绿色农业发展的新型农业经营队伍。

(4)绿色信息市场与服务体系建设信息业逐渐成为整个社会经济的主导产业,并被称为"第四产业"。加强信息的流通和服务,连接农业供给侧和需求侧,降低农产品供给与需求不对称所造成的缺乏与浪费。主要通过:①健全农产品信息披露服务、反馈机制,完善农产品供求、流通信息通道,服务好农业生产、加工和消费决策,逐步建立农产品信息咨询服务市场;②完善农业技术服务体系,强化农技推广中心、农业专业化服务组织技术力量,对农业生产决策者提供绿色、高效的技术服务,解决农业生产科技水平低、劳动力老龄化的问题。

三、系统提升视角

基于系统发展理论视角,绿色农业发展的外延是生产、生活、生态的协调,是把农业打造成为人人向往的职业,把农村打造成人人向往的乐园,建设产业兴旺、生态宜居、全民富裕的美丽乡村,实现乡村振兴和美丽中国的新局面,为世界可持续发展提供中国案例。

绿色农业发展强调农业产业兴旺。产业兴旺是乡村振兴和美丽中国建设的基础。①绿色农业发展强调可持续的发展,通过优化产业布局,推行绿色生产方式,促进一二三产业融合,构建绿色农业发展产业链、增值链,培育具有区域特色和国际竞争力的农产品品牌,通过绿色增值大幅度增加农民收入,实现农业高质量发展;大力发展创意休闲农业,通过共享农庄、采摘体验、垂钓鲜食等,提升农业质量效益和竞争力,保持农业生产活力和优质、健康、绿色农产品供给,坚持质量兴农、绿色兴农,使农业成为人人愿意参与的绿色产业。②绿色农业发展强调绿色发展氛围。农民是农业经营的参与者、决策者和受益者,通过新型农民、农业经营主体、农业专业化服务组织等培育,提升农业经营人员业务素养和农业从业人员收益,提高农业生产绿色发展水平,把农业服务打造成为人人向往的职业。通过宣传引导,提升农产品消费人群的绿色消费观念,在获取营养安全的食物的同时,注重绿色行为,保护生态环境。③绿色农业发展强调农业生态环境保护。通过全产业链提升,统筹山水林田湖草系统治理,降低农业生产的环境效应,最大化农业的生态涵养功能,把生态文明建设摆在突出位置。坚持生态服务功能价值最大化原则,有机统一生态价值与经济价值,把良好生态环境作为最普惠的民生福祉,通过绿色农业发展,推进水土气污染治理、种养结合、"绿水青山"提质增效、生态脆弱区绿色升级、草原与山区绿色发展,推动美丽乡村和生态文明建设,实现蓝天、碧水、净土的宏伟蓝图,提升人居环境质量,打造成为人人向往的美丽乐园。④绿色农业发展强调系统提升。乡村作为农业生产的承载者,也是实现蓝天、碧水、净土目标的重要载体,更是绿色农业发展的重要目标。绿色农业发展要始终坚持绿色的底色,坚持资源循环节约、环境友好、生态协调的生产体系,把绿色农业发展的理念从生产扩展至生活,把农村从农业生产基地的单一功能扩展为具有农事体验、乡村旅游、文化展示、乡村康养的田园综合体,把农村建设成治理有效、乡风文明、产业兴旺的新型美丽乡村。

第四节　绿色农业发展的系统研究方法

集约化农业向绿色农业发展转型不仅是我国的重大需求,也是联合国农业和食物系统可持续发展目标(Sustainable Development Goals,SDGs)的全球战略。绿色农业发展涉及"食物生产—加工—消费"的全过程,同时与资源环境间存在着复杂的相互作用,因此需要明确不同过程(或单元)之间的关联和互馈关系,将绿色农业发展研究扩展到整个食物系统。而驱动力—压力—状态—影响—响应概念框架(Driver-Pres-sure-State-Impact-Response,DPSIR)是理解食物系统的驱动因素(Driving force)、各单元间的关联关系(Pressure and state)和互馈机制(Impact and response)的重要方法之一,也成为绿色农业发展的重要科学命题与挑战。马文奇等基于绿色农业发展内涵和理论框架,阐述了绿色农业发展系统研究思路、方法和案例,以食物系统为研究对象,提出了"自上而下"和"自下而上"的绿色农业发展系统设计和定量研究的思路。

一、绿色农业发展系统研究思路

绿色农业发展的研究对象是整个食物系统,包含动植物生产、加工、消费和环境等多个相互联系、相互作用的要素(或部分),是具有一定结构和功能的有机整体,属于系统科学范畴,主要研究系统的要素(或元素)、结构和系统的行为(性质)。系统研究的基本特征包括:整体性、关联性、等级结构性、动态平衡性、时序性等。因此,将系统思维引入绿色农业发展研究时,需要充分考虑系统研究的基本特征:①立足食物系统和农业产业链的整体性;②分析食物系统各单元的关联性;③阐明系统与各单元、国家与区域(流域)的等级结构性;④协调水、氮、磷、碳等各类物质的动态平衡性;⑤揭示系统和各单元的时空变化特征。基于系统研究的整体性、关联性、等级结构性、动态平衡性、时序性等基本特征,并结合绿色农业发展全链条和多尺度的特性,提出绿色农业发展"自上而下"和"自下而上"的研究思路,两个研究思路既有区别又有联系,统一于绿色农业发展实践中(图4-5)。

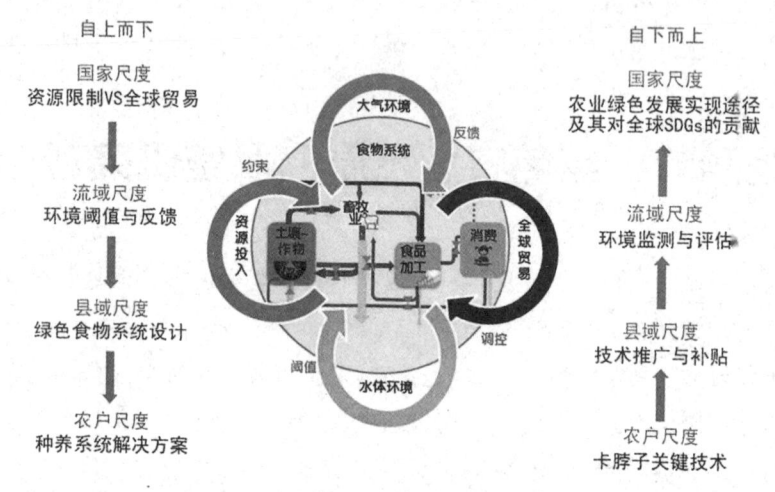

图 4-5 绿色农业发展系统研究思路

"自上而下"研究思路是从宏观到微观、从整体到局部的演绎方法,有助于从整体理解局部问题,把复杂难题分解成具体问题,利用系统方法提出解决方案。绿色农业发展"自上而下"的研究思路包括:①定量分析国家尺度水、耕地、矿产、能源等资源限制和全球贸易背景下农业生产潜力;②划定流域尺度大气和水环境阈值,以此为依据优化流域农业空间布局;③构建县域尺度绿色发展指标体系,剖析全产业链绿色转型的瓶颈问题,提出绿色食物系统优化策略;④对标先锋农户(企业)关键环节,分析"种、养、加"全产业链绿色发展限制因素,提出系统解决方案。

"自下而上"研究思路是从微观到宏观、从局部到整体的归纳方法,有助于理解系统内部单元的相互作用,揭示客观事物构成的原因及其演化的历程。绿色农业发展"自下而上"的研究思路包括:①调研和跟踪农户(企业),分析全产业链绿色农业发展的瓶颈问题,研发关键技术,探索全产业链绿色农业发展实现模式;②对标县域绿色农业发展关键指标,探讨县域农业绿色转型的科技瓶颈、政策保障与路径,提出县域农业绿色特色产业的系统解决方案;③完善流域生态环境监测网,联网监测与模型结合,健全绿色生态环境的监测、评估、政策解决方案和绿色农业发展管理机制;④提出我国绿色农业发展的科技战略、创新重点、政策保障与实现途径，为我国绿色农业发展战略提供科技与政策支撑，为实现全球SDGs提供成功案例。

"自上而下"和"自下而上"的关系是辩证统一的，二者相互作用、相互影响，形成推动绿色农业发展的合力。两种思路在形式上的区别是显而易见的，尤其是在农户尺度和全球尺度方面，"自上而下"的思路注重把握绿色的方向，以区域和流域环境阈值为限制因素，通过耕地资源配置，最大化农户尺度的生产力水平和农业效益；"自上而下"的思路强调农田和畜禽尺度绿色技术革新并落实到主体上，使某个环节的提升"呈现"为区域和国家生产力质的提升。而在中等尺度的流域和县域中，强调生态监测和构建可比的绿色发展指标评价体系，二者更多地体现为相互促进的关系，"自上而下"的思路通过划定阈值、指标分解，为"自下而上"的技术实践指明方向、设置标准；"自下而上"的研究在解决具体绿色生产技术问题的同时，为"自上而下"研究提供本地化参数和验证数据，为增强模型模拟、情景分析能力提供可能，两条思路共同推动国家尺度的绿色农业发展实现。

二、绿色农业发展系统研究模型

绿色发展强调人与自然的和谐共生，相关研究需要准确理解和评价人与自然复杂的交互关系。具体到农业领域，食物系统既是农业生态系统的核心，又是人类与环境相互作用最为频繁的界面，因此，绿色农业发展以食物系统为研究对象，重点研究人类需求驱动和强烈干扰下的食物系统与生态环境的互馈关系。围绕"自上而下"和"自下而上"的绿色农业发展系统定量研究的思路，在农户—流域—区域—国家—全球多尺度下，构建了绿色农业发展系统分析耦合模型（NUFER－AGD）（图4-6），为定量分析食物系统行为，探索绿色农业发展策略提供了方法。NUFER－AGD以食物系统分析为核心，涵盖农牧产品生产—加工—消费—贸易全过程，集成水体—土壤—大气环境全要素分析功能，并耦合驱动力—压力—状态—影响—响应概念框架（Driver－Pressure－State－Impact－Response，DP SIR）、可持续发展目标（Sustainable Development Goals，SDGs）和星球边界理论框架（Planetary Boundaries，PBs）。该耦合模型由1个核心模型（食物链系统模型 NUFER）、3个关联模块（水、大气和土地利用分析模块）和1个指标关联分析模块（耦合 DP SIR、SDGs 或 PBs 概念框架）构成。食物链系统模型（NUFER，图4-7）作为核心模型，其主要功能是以养分为定量载体，量化食物系统的氮磷等养分流动、利用效率和环境效应；为增强对地球系统关键过程的模拟和综合评价能力，对核心系统功能进行延伸，利用3个关联模块和1个指标关系分析模块分别对水体、大气和土地利用等要素进行定量分析以及可持续发展指标评价。上述模型系统总称为绿色农业发展系统分析耦合模型NUFER－AGD，是绿色农业发展系统研究的核心工具。

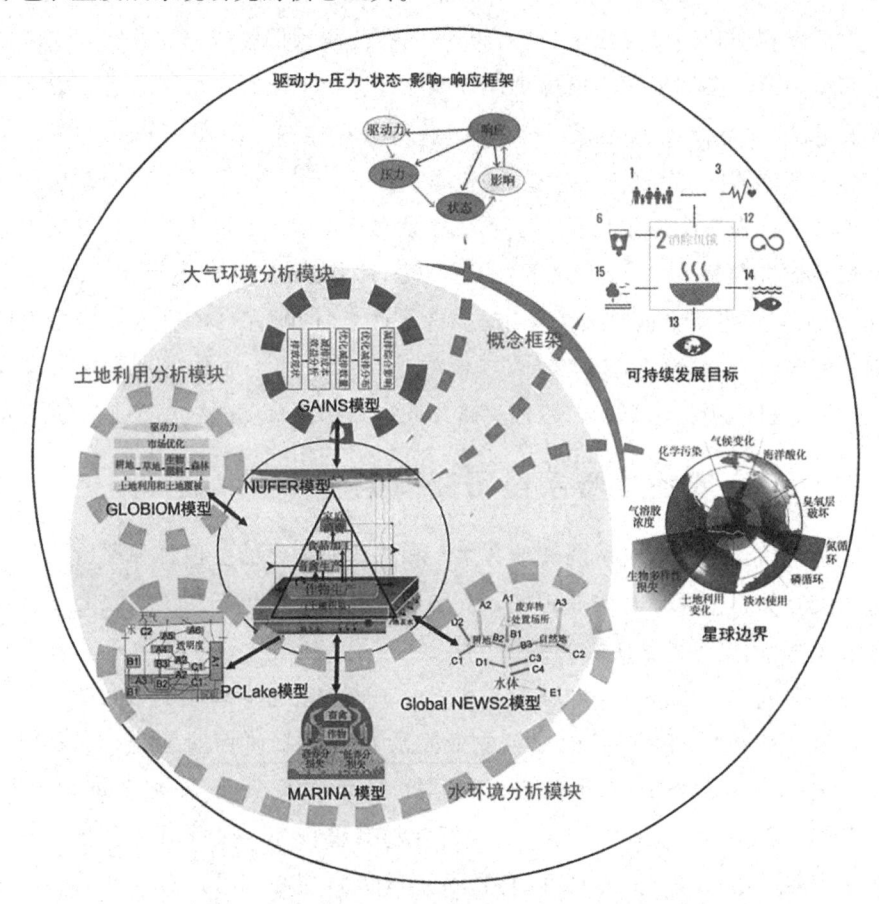

图 4-6 绿色农业发展系统分析耦合模型系统（NUFER－AGD）

注1：为适应作图要求，图中各模型适当简化，详细内容可参考各模型对应文献。

注2：图中PCLake和Global NEWS2模型源、汇、流状况较为复杂，采取了标号的形式，各标号含义如下：

PCLake模型：A(食物网)：A1沉水植物；A2藻类；A3底栖动物；A4浮游动物；A5食浮游动物或底栖动物的鱼类；A6食鱼性鱼类。B(物质库)：B1无机物；B2有机质；B3岩屑。C(重要生物化学循环)：C1氮、磷、硅；C2氧气。

Global NEW2模型：A1生活废弃物养分输入；A2耕地养分输入；A3自然地养分输入；B1养分点源损失；B2养分面源损失(耕地)；B3养分面源损失(自然地)；C1：耕地养分留存；

第四章　绿色农业发展的新挑战与新思路

C2：自然地养分留存；C3：河流养分留存；C4：水库养分留存；D1：取水养分输出；D2：作物收获养分输出；E1：河流养分输出(最终输出或至下一级河网)。

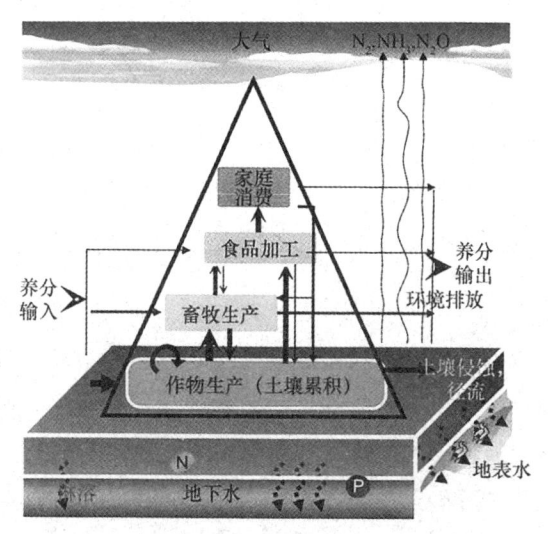

图 4-7　食物链系统养分流动模型(NUFER)

(一)绿色农业发展系统分析耦合模型

NUFER 作为绿色农业发展系统分析耦合模型的核心模型，其在整个 NUFER-AGD 模型框架下的优势和具备的功能是：①基于物质流分析方法，揭示氮磷等养分流动的时空特征，有助于分析其时空演变的驱动力，揭示当前农业发展存在的资源环境问题；②涵盖"农畜产品生产—加工—贸易—消费"多环节，可以锁定养分资源利用效率低、环境排放超标的关键环节，具备与其他模块耦合的基础；③以多尺度食物系统为研究对象，这是开展"自上而下"和"自下而上"系统研究的基础；④利用情景分析方法，可以分析绿色农业发展技术和政策调控途径的影响，并可以与最优化分析结合，提出切实可行的策略组合(表 4-1)。

表 4-1　不同尺度食物系统养分流动研究重点及其意义

研究尺度	主要研究对象	模型主要功能	主要应用领域
全球/国家尺度	整个食物系统	分析不同国家养分流动历史变化特征及影响因素，阐明农牧生产技术改进、区域环境政策调控、膳食结构优化和全球贸易增加对食物系统的影响	为国家绿色农业发展重大战略提供科学支撑

续表

研究尺度	主要研究对象	模型主要功能	主要应用领域
区域/流域尺度	种养生产与环境系统的关系	分析不同流域养分环境排放特征,识别热点环境排放区和生态脆弱区	为区域环境管理政策的制定提供科学依据
农户/农场尺度	种养生产系统	分析不同类型和管理模式的农田、畜禽养殖和农户(农场)的养分利用效率和环境排放特征及其影响因素	为优化农户养分管理行为提供科学依据

不可否认的是 NUFER 也存在某些不足,例如,对各类环境排放模拟不够细致,缺乏验证;情景分析往往以技术情景为主,只是针对某一方面"最乐观"的影响,不考虑差异性,不计成本地采用某种技术组合减排,这种减排策略对于改善环境是"最乐观"的,但得出的结论只能用于方向性指导,缺乏实际操作性。尽管 NUFER 模型在某些方面存在不足,但是具有不可替代的全面性(多尺度、多环节),兼容性好,不足之处可通过耦合其他专门模块加以完善,因此,NUFER 模型作为 NUFER-AGD 模型框架的核心是最优选择。

NUFER 模型的土壤模块引入了著名的 MI TERRA 模型的土壤机理过程,MI TERRA 模型利用消减因子建立了一套模拟区域和国家尺度农田氮素淋溶和径流的方法,其特点为:①模型运算和参数相对较少,适合于区域和国家尺度研究;②基于区域农田氮素投入与产出等人为影响因素进行计算;③引入土壤类型、土壤有机质含量、作物根长度、土壤耕层厚度、坡度、植被覆盖情况、平均温度和有效降雨量等自然影响因子,使模拟结果更接近于真实值。

在农户尺度重点关注种养生产系统,NUFER 模型可以分析不同类型和管理模式的农田、畜禽养殖和农户(农场)的养分利用效率、环境排放特征及其影响因素,为优化农户养分管理行为提供科学依据,可作为农户尺度绿色农业发展指标体系的定量工具。

在区域和流域尺度重点关注种养生产系统与环境系统的关系。NUFER 模型通过分析不同流域养分环境排放特征,识别热点环境排放区和生态脆弱区,为区域环境管理政策的制定提供科学依据,可以作为区域和流域尺度绿色农业发展指标体系的定量工具。为推进化肥减施、有机肥替代、畜禽粪尿资源化、源污染阻控和绿色农业发展等重大行动提供了重要依据。

在国家尺度重点关注整个食物系统。NUFER 模型可用于分析不同国家养分流动的历史变化特征及其影响因素，表明农牧生产系统技术改进、区域环境政策调控、膳食结构优化和全球贸易增加对食物系统养分利用效率的影响，为国家绿色农业发展重大战略提供科学支撑。因此，该模型可作为国家尺度绿色农业发展指标体系的定量工具。

（二）水环境系统分析模块的研究方法

水环境分析模块是 NUFER 模型定量分析向水环境分析的延伸，该模块包含 3 个模型、两项功能，其中 Global－NEWS2 和 MARINA 模型用来量化养分流从源头向河口、入海口的迁移和滞留于各缓河网的情况，并通过 ICEP（沿海富营养化潜力）等指标体现其环境影响，选用这两个模型是由于不同尺度下氮磷养分在水体中迁移机制不同，并且二者原理一致，与 NUFER 模型同属养分流动经验模型，因此耦合效果较佳；PC Lake 模型属于系统动力学模型，具有强大的展现稳态转换的能力，用于确定湖泊水体氮磷投入的阈值，并可进一步利用该阈值进行情景分析、提出减少氮磷负荷的建议。

Global NEWS2 模型作为一个空间明确的全球流域营养盐输出模型，以年或季节为时间步长来模拟全球 6 000 多个流域不同来源（点源、面源）、不同元素（氮、磷、碳、硅）、不同形式（有机可溶性、无机可溶性、悬浮性）的营养盐从陆地向河口及近海的输出量，该模型已经用于分析全球和多个国家过去（1970—2000 年）及未来（2030—2050 年）流域营养盐的输出情况，可作为流域环境管理的定量分析工具。

PC Lake 是考虑水生态过程的机理模型，被广泛应用于水生态系统食物网及其环境影响研究中，通过模拟水生态环境和沉积物之间的生物、物理和化学过程相互作用，定量分析污染物排放与水生态环境的响应关系，可为湖库面源污染治理提供科学依据。PC Lake 已被应用于中国的太湖、巢湖和滇池等重要湖泊的研究，用于分析湖泊生态系统状态和污染负荷的响应关系。太湖总氮磷负荷需要削减一半以上才能使湖泊大部分区域叶绿素的浓度达到 $30\sim40pg/L$，为了防止太湖浮游植物的大量繁殖即叶绿素的浓度低于 $20pg/L$，需要减少近 90% 的磷和氮的负荷，可以通过在太湖流域减少肥料的应用和提高磷的污水处理效率来实现。

（三）大气环境系统分析模块的研究方法

GAINS（Greenhouse Gas－air Pollution Interactions and Synergies）模型与食物系统模型（NUFER）耦合，是 NUFER－AGD 模型的大气环境分析模块。在绿

色农业发展系统研究模型运用中,主要发挥作用的是其大气化学—扩散转化模块和成本—效益分析模块,食物系统各环节释放的 NH、N_2O 等气体驱动大气化学—扩散转化模块,进而模拟历史和未来各时期气体的空间分布情况,成本效益分析模块是整个模型系统优化分析的一部分,寻求最大综合效益下的大气污染、气候变化缓解政策和技术组合。

GAINS 模型是由国际应用系统研究所(International Institute for Applied Systems Analysis,IIASA)开发的研究温室气体和大气污染协同作用的综合评估模型,主要为环境政策制定提供科学依据,模型从研究区域未来经济发展、能源结构变化以及减排措施等驱动因素出发,利用大气化学转化—扩散模型模拟未来大气污染物分布状况,在此基础上综合考虑减排技术成本、量化人类和环境健康价值,通过成本效益分析寻求代价最小的温室气体减排和大气污染防治方案。

(四)土地利用分析模块的研究方法

土地既是农业活动中最重要的生产资源,也是保持生态稳定、缓解气候变化重要的生态资源,而土地面积是固定的,生态承载力也在一定限度之内,基于这一特性,我们将 GLOBIOM(Global Biosphere Management Model,全球生物圈管理模型)模型与 NUFER 模型耦合,作为整个系统研究方法的土地利用模块,试图合理地预估未来食物系统生产、消费和贸易情况,该模块的工作机制是:以生态足迹理论和理性人假设为基础,事先折算非货币化的社会、生态效益,以各利益相关者的综合效益最大化为目标,土地面积不变、产品市场出清、土地生态承载力为平衡或约束条件,进而探索和设计国家或区域绿色农业发展路径。

GLOB IOM 模型耦合了 4 个宏观尺度的全球模型:EPIC(Environmental Policy Integrated Climate Model,环境政策综合气候模型)、RUMINANT、BIOENERGY 和 G4M(The Global Forest Model,全球森林模型)模型,分别用于计算全球栅格尺度下作物、畜禽、生物燃料和木材的供给情况,并具有对土地利用类型变化和温室气体排放模拟功能。在需求侧,模型基于未来人口、人均 GDP(国内生产总值)、产品生产成本和均衡价格(包括关税、运输成本和能力约束)的预测,对商品的内生需求和区域间的双边贸易流动进行预测,从而形成了一个由 30 个经济区域(中国是其中独立的经济体)组成,包括 18 种主要作物和 7 种牲畜产品的商品市场。该市场以总盈余(消费者盈余+生产者盈余)最大化为目标,资源限制和市场出清为约束,以 10 年为步长进行动态优化,实现了对资源利用—产品生产—贸易—温室气体排放过程的综合模拟。

（五）绿色农业发展与全球可持续发展目标关联分析模块

尽管通过模型耦合能够输出定量的结果，但这些结果多是基于生物物理或数理统计知识得到的各个过程的流量和存量，未能在绿色农业发展研究框架下给出系统的研究结果，更不能进行全链条定量评价，且对社会经济驱动机制的理解也较弱，因此我们将模型与国内外广泛运用的理论框架和全球重大行动耦合，构建绿色农业发展指标体系，以期实现绿色农业发展从系统认知到实际运用的跨越，在资源环境研究领域，被广泛接受并实际应用的概念框架主要包括驱动力—压力—状态—影响—响应概念框架(DPSIR)、可持续发展目标(SDGs)以及行星边界理论(PBs)概念框架，这些理论和概念框架覆盖了资源环境和人类发展的各个方面，并且有着相对严谨的推理论证过程，但是都不同程度地存在着量化不足的问题。

三、绿色农业发展系统定量研究的案例

以食物系统为研究对象，基于"自上而下"和"自下而上"相结合的定量研究的思路，利用多指标关联分析模型和评价指标体系，协同国家绿色农业发展多目标，以流域尺度绿色资源和环境值为约束，定量设计绿色农业发展系统解决方案，提出全产业链绿色农业发展技术实现路径。以下介绍绿色农业发展系统定量研究案例。

（一）我国食物系统绿色发展的多目标优化的潜力

伴随着农业生产结构和方式迅速转型，我国集约化农业和畜牧业数量快速增长，对国内和全球的粮食安全、土地利用、资源消耗、温室气体排放和氮磷等环境损失产生了非常重要的影响，但是之前的研究对农业转型和绿色农业发展指标体系的分析不足，多是定性的描述，缺乏定量分析。

研究表明：2030年，我国饲料粮、口粮和各种畜产品的需求量还将大幅度增加。如果不做任何改进，与2010年相比，2030年耕地、草地、水、氮肥、磷肥等资源代价将增加10%～81%，氮、磷、温室气体等环境代价将大幅度增加28%～39%。提高农牧业生产力、鼓励健康饮食，适当增加进口将是缓解未来资源环境压力的最优路径，相对于照常路径到2030年，可以降低上述资源消耗或环境排放7%～55%。研究指出，在全国范围内继续加强和完善测土配方施肥、耕地地力提升、粪污资源化利用、"科技小院"、居民膳食推荐等具体助农惠农举措对实现农业密切相关的8个可持续发展目标具有重要意义，该案例属于"自上而下"的研究思路，也为国家尺度绿色农业发展指标体系构建（张建杰等，2020）

和相关政策制定提供了定量方法。

（二）我国种养系统绿色转型的关键环节及其调控途径

畜牧业绿色转型是食物系统绿色发展的关键。研究表明，在人口、经济、城镇化以及相关农业政策的驱动下，中国的畜牧业革命以国际上前所未有的速度——仅仅在改革开放前30年间就完成了从几千年的农户散养复合功能型向集约化单一功能型的转变。畜食养殖数量增加了3倍，动物蛋白供给增长了4.9倍，同时，气态和水体氮损失分别升至原水平的2倍和3倍，满足国民营养需求同时也成为我国农业面源污染的重要原因，并通过饲料贸易（进口增长49倍）对全球环境造成巨大影响，新一轮的畜牧业转型必须站在"生产资料—生产过程—农产品—市场—消费"全产业链的高度，以饲料和牲畜集约化生产、畜禽粪尿全链条管理以及饮食结构转变为抓手深入推进。情景分析结果表明，上述路径下，环境影响降低至常规情景的50%～60%，这需要政府、生产企业、零售商和消费者的共同努力，该研究案例属于"自上而下"的研究思路，可为中国畜牧业绿色发展提供理论依据，也对其他发展中国家畜牧业转型发展具有重要的借鉴意义。

通过聚焦关键环节，分析农牧系统和"饲料—粪尿排—饲舍—储藏—处理—施用"全链条养分流动特征，指出饲舍和储藏环节氨挥发是养分环境排放的主要环节。该研究揭示了农牧结合的关键是探索种养废弃物资源化和减少环境损失的技术途径与模式，包括：①明确不同"土壤—作物—畜牧"系统养分循环规律和环境影响；②探索有机肥替代化肥调控机理与技术途径；③研发畜禽粪尿"畜禽饲—畜禽圈舍—粪尿储藏—粪尿加工—粪尿施用"全链条养分循环利用机理和减排技术。该案例属于"自上而下"的研究思路，研究表明发展种养一体化绿色技术，保持种养系统养分高效循环，减少环境损失，提高农牧系统利用率是种养系统绿色发展的关键。

（三）流域生态环境值为约束的绿色农业发展系统解决方案

在流域尺度设置环境阈值、优化农业布局是自上而下思路的重要体现。基于食物系统养分流动和水环境富营养化的定量关系，有关专家提出了基于流域水环境阈值为约束条件的绿色农业发展研究框架：①通过农户调研与监测数据结合，耦合食物链养分流动模型和流域水质模型，定量分析食物系统区域养分流动特征，揭示流域氮磷养分水体排放规律；②阐明流域氮磷排放与水环境富营养化互馈机制，获得水环境富营养化阈值；③利用模型情景分析和绿色农业发展技术经济效益分析结合,探索基于水环境阈值的食物系统绿色发展调控途径。基于上述思路,利用 Back-casting(回溯预测)的研究方法开展了案例研究,以黄淮海流域对海洋富营养化阈值(富营养化潜势指标 ICPI)为约束条件,分析了农牧业生产系统向水环境养分排放的最大值是全氮和全磷,这比现有排放减少了 50%~90%;通过情景分析,验证了 54 种技术组合,其中 7~25 个技术组合可以实现不同子流域的氮磷减排目标的 40%~100%,畜禽废弃物循环及有机肥替代化肥、低氮磷饲料喂养和污水磷回收等是减排的关键技术途径,该案例属于"自上而下"的研究思路,可为流域和区域农业环境政策的制定提供科学依据,从而支撑绿色农业发展。

(四)全链条技术路径支撑绿色农业发展

以我国奶牛生产系统氨挥发减排为例,结合自上而下与自下而上的研究思路,养殖场原位监测、技术验证实验和模型结合,介绍全链条技术途径如何支撑绿色农业发展的案例。利用 NUFER 模型,系统地分析了中国奶牛养殖系统氮素利用及不同氮素损失途径的时空变异,阐明了 1980—2010 年中国奶牛养殖系统在不同水平的氮素利用效率以及不同途径氮素损失的历史变化,其中,氨挥发是最重要的氮素环境排放途径。同时,利用光声谱—二氧化碳平衡法对华北平原两种典型的清粪模式的奶牛圈舍的氨挥发进行了原位测定,每年每头标准牛氨损失量分别为 21~25kg(NH),相当于总饲料氮投入的 9.7% 和 12%,弥补了中国氨排放清单中奶牛圈舍环节排放参数的空白,也进一步验证了氨挥发是奶牛养殖系统氮素环境损失的最主要途径。

利用"自上而下"的研究识别了奶牛养殖系统氮素主要损失途径是圈舍和储藏过程氨挥发,进而利用模拟试验和监测,开展了"圈舍—储藏"全链条氨减排试验,探索了不同减排措施对"圈舍—储藏"链条氨气排放的影响,并在分析氨气排放的同时,分析了氨减排措施对甲烷和氧化亚氮排放的影响,提出了低蛋白日粮投入、漏缝地板下粪污表面酸化、蛭石覆盖粪尿混合物、乳酸酸化蛭石覆盖粪尿混合物、蛭石覆盖液体粪污、乳酸酸化蛭石覆盖液体粪污、塑料薄膜覆盖固体粪污和固体粪污压实等奶牛场全链条氨挥发减排的技术途径。

系统分析方法是绿色农业发展研究重要研究方法之一,有助于理解食物系统各环节之间的关联关系,定量分析绿色农业发展的目标、指标、解决途径和系统评价,阐明各种优化措施对全产业链的影响。本研究提出了"自上而下"与"自下而上"结合的绿色农业发展系统定量研究思路;在农户—流域—区域—国家—全球多尺度下,构建了以食物系统定量分析为核心的绿色农业发展系统分析耦合模型;初步梳理了绿色农业发展系统定量研究案例。

利用"自上而下"和"自下而上"的研究思路和系统分析方法,以绿色农业发展系统分析耦合模型(NUFER－AGD)为工具,绿色农业发展系统研究:①定量了国家尺度食物系统多目标优化的潜力,指明提高农收生产力、引导健康饮食是减小我国未来资源环境压力、实现可持续发展目标的最优路径;②明确了畜牧业转型是绿色农业发展的关键,尤其要以饲料和牲畜集约化生产、畜禽粪尿全链条管理以及饮食结构转变为重点来推进这一进程;③以流域环境阈值为约束条件划定了我国重点流域的氮磷排放限值,确定了我国氮磷生态脆弱区的范围,强调了有机肥替代化肥等促进畜禽废弃物循环措施是减少水体污染的关键;④通过发展粪尿全链条管理技术,筛选了圈舍表面粪污酸化、降低日粮蛋白投入等高效减氨增效技术,支撑奶牛养殖业绿色发展。"自上而下"的研究思路,结合了"自下而上"研究提供的技术参数、调研数据定量设计国家、流域、县域和全产业链的绿色农业发展系统解决方案。"自下而上"的研究思路,落实了"自上而下"研究中提出的政策、技术路径,研发畜牧业减排关键技术,切实助力农业农村生态生活环境改善,二者相互支撑、相互促进。

第五节 绿色农业发展的评价体系

推进绿色农业发展已经成为实施乡村振兴战略和满足人民美好生活需求的重大国家需求。然而,绿色农业发展如何进行科学的定量表征?如何对不同尺度的绿色农业发展进行定量评价?如何系统设计绿色农业发展的实现路径?上述问题的存在表明急需从科学视角构建绿色农业发展指标体系和定量分析方法。为此,在明确了绿色农业发展的科学内涵、基本特征和主要目标的基础上,从社会、经济和生态环境3个维度入手,建立了一套适用于科学研究的指标体系,涵盖社会、经济、生产力、资源、环境五方面,一方面实现对我国绿色农业发展现状的定量评估,另一方面为定量设计区域绿色农业发展的实现路径研究提供方法。

一、指标体系构建方法

(一)指标体系构建原则

基于中国绿色农业发展的科学内涵和要义,在构建绿色农业发展指标体系时，主要体现了系统性、完整性、协同性、科学性和可行性的原则，系统性主要是突出了整个食物系统（"食物生产—加工—消费"全链条）和"绿色"与"发展"协调的系统目标，并具体体现在社会发展、经济增长、生产高效、资源节约和环境友好等全方位目标；完整性则明确了绿色农业发展的研究边界是从生产环节、加工环节到最终的消费环节，指标的选择覆盖了从"生产—加工—消费"整个链条的主要因素，指标的评价对象则涉及山、水、林、田、湖、草等整个生命共同体；协同性强调了指标之间的响应、联动关系，通过对指标体系中指标的优化和调控，来协调整个食物系统的良性发展；科学性则强调指标对绿色农业发展内涵、特征和目标的科学表达，有利于解析绿色农业发展的瓶颈问题、制约因素及其实现途径；可行性主要考虑了数据可得性和基础数据获取的难易程度，确保每个指标都有可靠的数据来源和科学的计算过程。

（二）指标体系构建过程

首先根据绿色农业发展的概念、内涵与总体目标，对相关的指标元素进行列单；然后从社会、经济、生产、资源和环境五方面定义、选取和分类指标；进一步剔除数据不易获取和内相关性很强的指标，部分生态环境指标虽然暂时无法获取数据，但对于评价绿色农业发展意义重大，因此进行了保留；并多次通过专家论证的方式对指标进行进一步的筛选，最终建立了相对完善的中国绿色农业发展评价指标体系。考虑到各个指标的特征及其在指标体系中的作用，进一步将每一类指标细化为3个子类，即直接指标、间接指标和可选指标。直接指标是能够直接表征农业发展在社会、经济、生产、资源和生态环境方面特征，并对绿色农业发展的基本性状进行评价的一类指标，譬如农业资源使用强度、生产效率、环境代价、饮食结构等直接反映食物生产—消费特征的指标；间接指标本身不直接反映绿色农业发展的特征，却是国际公认的农业可持续发展的重要驱动或影响因素类指标，如人均GDP、城镇化率等社会经济指标，或者反映绿色农业发展产生的间接效应，如水体、土壤与大气的环境质量等；可选指标则为了体现区域特色，并根据区域自然条件与社会经济发展条件进行设定，例如在反映区域植被覆盖时，建议在山区选择森林覆盖率，而在牧区或半牧区则优先选择草地覆盖率。

（三）指标数据获取来源与计算

绿色农业发展指标体系中各项指标均可从《中国统计年鉴》《中国农村统计年鉴》《中国农业统计年鉴》《中国畜牧统计年鉴》《中国环境年鉴》《中国休闲农业年

鉴》《环境公报》等年鉴资料中获取，对于区域尺度的绿色农业发展研究，可以从相应区域的对应年鉴资料中获取基础数据。社会、经济指标的计算依赖于统计资料，而生产、资源和环境指标的计算，涉及食物"生产—加工—消费"系统的物质流动与养分平衡，需要借助于食物链养分流动模型（Nutrient Flows in Food Chains，Environmental and Resources，NUFER）计算区域的资源投入、利用效率、生产力水平和环境损失等指标。

（四）绿色农业发展水平分级

在确定指标后，以联合国可持续发展目标、中国政府发布的农业发展行动纲要和发展目标以及国际先进国家的环境减排水平等作为分等定级的原则和依据，通过查阅文献、分析区域发展水平、结合专家咨询的方式将每个入选指标的绿色发展程度分为4个等级：Ⅰ级表示绿色发展程度最好，Ⅱ级次之，Ⅲ级较差，Ⅳ级表征绿色发展程度最差。

（五）资源投入与环境排放类指标的计算

考虑到农业生产过程中资源投入和环境排放涉及耕地、园地和草地等多种类型，本研究为了尽量准确评估资源投入强度和环境排放强度，在计算氮、磷、农药、农膜等使用强度时，把农作物播种总面积作为分母；在计算灌溉水的单位用量时，则考虑的是农田灌溉面积；在考虑氮盈余、氮淋洗、氮径流、氨挥发、N_2O排放与温室气体（GHG）排放等环境损失时，考虑了耕地、园地和草地等多种土地利用方式，在内蒙古、宁夏、甘肃、西藏和新疆这5个牧区，则进一步考虑了天然草地的贡献。

二、指标体系概况

（一）社会发展指标

社会发展指标主要反映区域农业生产的基本条件和发展水平、社会发展对农业生产的驱动作用和农业发展如何满足人类消费需求、对促进民生福祉的作用。所有指标的具体含义及分级依据如下。

农业投入占财政总支出比例（S-D-1）为直接指标，用于反映区域内政府对农业的重视程度和支持力度，卡路里作为能量标准单位，任何动植物产品都可以进行折算，而蛋白也是常用的营养标准单位，且与食物氮素含量有很好的相关性，因此将人均卡路里摄入量（S-D-2）和人均蛋白摄入量（S-D-3）作为直接指标，分别

第四章 绿色农业发展的新挑战与新思路

从粮食需求和营养角度反映了农业发展对民生福祉的影响，农业机械化水平(S-D-4)和农田灌溉水平(S-D-5)作为农业发展的基础保障，在不同农业自然条件和生态类型中都具有普遍适用性，将二者作为直接指标来反映区域的农业生产条件，农民受教育程度(S-D-6)可以直接表征区域农民的知识水平和接受新科学、新技术的能力(表4-2)，且数据可以从统计年鉴中获取，将其设定为直接指标，城镇化率(S-I-1)本身不能反映绿色农业发展水平，但是城镇化率是一个国际公认的驱动食物系统饮食消费的重要因素，因此将其纳入间接指标中，人均耕地占有水平(S-I-2)是反映农业发展条件的重要指标，但主要受区域自然条件约束，不易改变，因此将其设定为间接指标，动物蛋白消费比例(S-I-3)用于评价人体动物营养的摄入情况，间接反映饮食消费结构，因此也将其归入间接指标中(表4-3)。

表 4-2 中国绿色农业社会发展直接指标体系与分级标准

分类	指标	指标分级标准				分级依据	指标含义	数据获取途径
		Ⅰ	Ⅱ	Ⅲ	Ⅳ			
社会发展	农业财政投入比例/%	>20	15～20	10～15	<10	马晟祯, 2014	区域当年农业财政投入占政府总财政支出的百分比，反映政府对农业发展的支持力度	统计年鉴，农村统计年鉴
	人均卡路里摄入量/[kcal/(cap·d)]	2 200～2 300	1 700～2 200 1 300～1 800	1 200～1 700 1 800～2 800 3 800	<1 200 >3 800	Chaudhary, 2018; 喻朝庆, 2019	区域当年人均每日消费各种食物的能量总和	统计年鉴，农村统计年鉴，食物链养分流动模型
	人均蛋白质摄入量/[kg/(cap·年)]	>23.7	21.3～23.7	19～21.3	<19	中国营养学会, 2002	区域当年人均每年消费各种食物的蛋白总和	统计年鉴，农村统计年鉴，食物链养分流动模型
	农业机械化水平/[kW/(hm²·年)]	>5	3～5	1～3	<1	李安宁, 2017	区域当年单位耕地面积机械动力投入量	统计年鉴

续表

分类	编号	指标	指标分级标准				分级依据	指标含义	数据获取途径
			I	II	III	IV			
社会发展	S-D-5	农田灌溉水平/%	>50	30~50	10~30	<10	专家咨询	区域当年有效灌溉面积占耕地面积的百分比	统计年鉴
	S-D-6	农业人口受教育程度/%	>50	30~50	10~30	<10	专家咨询	区域当年农民家庭劳动力中高中及以上学历数量占农业劳动力的百分比	统计年鉴，农村统计年鉴

表4-3 中国绿色农业社会发展间接指标体系与分级标准

分类	编号	指标	指标分级标准				分级依据	指标含义	数据获取途径
			I	II	III	IV			
社会发展	S-I-1	城镇化率/%	>60	40~60	20~40	<20	联合国经济和社会事务部人口司，2014	区域当年城镇人口与总人口的百分比	统计年鉴
	S-I-2	人均耕地占有水平/(hm^2/cap.)	>2.5	0.79~2.5	0.2~0.79	<0.2	专家咨询	区域当年单位农村劳动力所拥有的耕地面积	统计年鉴
	S-I-3	动物蛋白消费比例/%	30~35	25~30 35~40	20~25 40~45	<20 >40	专家咨询	区域当年动物性食品蛋白摄入量占总蛋白摄入量的百分比	统计年鉴，农村统计年鉴，食物链养分流动模型

食物自给率(S-O-1)反映一个国家(区域)的食物生产是否能够满足本国(区)消费，在国家尺度上体现战略需求，但是在区域尺度上，食物的供需可以通过国内贸易来协调，因此作为可选指标，土地流转比例(S-O-2)反映区域农业集约化水平，考虑到地区间数据获取的难易程度，将其设定为可选指标(表4-4)。

表 4-4 中国绿色农业社会发展可选指标体系与分级标准

分类	编号	指标	指标分级标准				分级依据	指标含义	数据获取途径
			Ⅰ	Ⅱ	Ⅲ	Ⅳ			
社会发展	S-O-1	食物自给率/%	>100	75~100	50~75	<50	喻朝庆，2019	以氮为指示指标，区域内当年所生产各种食物的氮素产生量总和与所消费食物的氮素总和的百分比	统计年鉴，农村统计年鉴，食物链养分流动模型
	S-O-2	土地流转比例/%	>50	30~50	10~30	<10	专家咨询	当年区域内流转土地与耕地总面积的百分比	统计年鉴

（二）经济增长指标

经济增长指标主要评价农业生产的经济效益、农业发展对于经济的贡献和经济发展如何影响绿色农业发展。单位耕地面积农业产值(E-D-1)能够直接表征当地农业的经济发展水平，具有普遍适用性，设定为直接指标。人均GDP(E-I-1)是国际公认的影响饮食消费的重要因素，设定为间接指标。食品工业化水平(食品工业与农业产值的比例，S-I-2)可以用于间接反映农业产业链发展水平，将其归入间接指标(表4-5)。

表 4-5 中国绿色农业经济增长直接/间接指标体系与分级标准

分类	编号	指标	指标分级标准				分级依据	指标含义	数据获取途径
			Ⅰ	Ⅱ	Ⅲ	Ⅳ			
经济增长	E-D-1	单位面积农业产值/(万元/hm²)	>16.3	5.1~16.3	1.3~5.1	<1.3	专家咨询	区域当年农业总产值与耕地、园地和人工草地总面积之和的比值	统计年鉴，农村统计年鉴
	E-I-1	人均GDP/(万元/cap.)	>9	3~9	0.7~3	<0.7	The World Bank，2019	区域当年地区生产总值与总人口的比值	统计年鉴
	E-I-2	食品工业化水平/%	>3	2~3	1~2	<1	戴小枫，2018	区域当年食品工业产值与农业生产总值的比值	食品工业年鉴

恩格尔系数是用来衡量家庭富足程度的重要指标，一个家庭收入越低，用于购买食物支出所占的比例就越大，本书用农村恩格尔系数(E-O-1)来反映农村家庭的富裕程度，归入可选指标，农村人均可支配收入(E-O-2)用于评价农村人口的经济收入水平，农业产值占 GDP 比例(E-O-3)则可以反映农业产业在当地整个经济产业中的地位，因此将这两个指标归入可选指标(表4-6)。

表4-6　中国绿色农业经济可选指标体系与分级标准

分类	编号	指标	指标分级标准				分级依据	指标含义	数据获取途径
			Ⅰ	Ⅱ	Ⅲ	Ⅳ			
经济增长	E-O-1	农村恩格尔系数/%	<30	30~40	40~50	>50	温鑫，2015	区域当年农村居民用于食品消费支出与消费总支出的百分比	统计年鉴；农村统计年鉴
	E-O-2	农村居民人均可支配收入/(万元/cap.)	>3.8	1.18~3.8	0.3~1.18	<0.3	车文斌，2015	区域当年农村居民人均可支配收入	统计年鉴
	E-O-3	农业产值占GDP比例/%	>35	25~35	15~25	<15	专家咨询	区域当年农业生产总值占地区生产总值的百分比	统计年鉴

(三)农业生产指标

农业生产指标反映绿色农业发展的生产水平，一方面强调农产品的数量与质量并重，在直接指标中选取单位面积卡路里产量(P-D-1)来表征农产品产量水平(数量)，用单位面积植物蛋白产量(P-D-2)来表征农作物产品营养生产能力，用单位动物蛋白产量(P-D-3)来表征畜牧的营养生产力水平(质量)；另一方面注重资源的利用效率，将农田系统氮素利用效率(P-D-4)、畜牧系统氮素利用效率(P-D-5)和食物链系统氮素利用效率(P-D-6)分别表示3个系统的氮素利用效率。

农业生产指标中未设定间接指标。根据区域发展水平与农业种植结构的特点，将蔬菜单产水平(P-O-1)和水果单产水平(P-O-2)设定为可选指标(表4-7)。

表 4-7 中国绿色农业生产指标体系与分级标准

分类	编号	指标	指标分级标准				分级依据	指标含义	数据获取途径
			Ⅰ	Ⅱ	Ⅲ	Ⅳ			
农业生产	P-D-3	单位动物蛋白产量/(kg/LU)	>60	40~60	20~40	<20	专家咨询	区域内当年各种动物蛋白的总产与标准动物单位总数的比值	NUFER模型
	P-D-4	农田系统氮素利用效率/%	>70	50~70	30~50	<30	Panel E U N E, 2015; Ma, 2012	区域内当年作物系统各种作物氮素携出量与氮素投入总量的百分数	NUFER模型
	P-D-5	畜牧系统氮素利用效率/%	>19	15~19	10~15	<10	Ma, 2012	区域内当年畜牧系统各种动物产品(肉、蛋和奶)的氮素携出量与氮素投入总量的百分数	NUFER模型
	P-D-6	食物系统氮素利用效率/%	>30	25~30	18~25	<18	Ma, 2012	区域内当年生产食物的氮素携出量与整个食物系统氮素投入量的百分数	NUFER模型
	P-O-1	蔬菜单产水平/(t/hm²)	>52	42~52	31~42	<31	专家咨询	区域内当年单位面积的蔬菜产量	统计年鉴
	P-O-2	水果单产水平/(t/hm²)	>28	22~28	17~22	<17	专家咨询	区域内当年单位面积的水果产量	统计年鉴

(四)资源投入指标

资源投入指标是指贯穿整个农业产业链的各种能量、物质与劳动力的投入(其中,机械投入作为机械化水平已经在社会发展类指标体现,在此不再重复)。农田氮、磷、农药、农膜、灌溉水和劳动力是基本的农业生产投入,将氮素使用强度(R-D-1)、磷素使用强度(R-D-2)、农药使用强度(R-D-3)、农膜使用强度

(R-D-4)、灌溉水使用强度(R-D-5)和农业劳动力投入水平(R-D-6)作为直接指标(表 4-8)，畜禽粪尿、秸秆等属于二次利用的资源而非直接投入的资源，粪尿循环利用效率(R-I-1)、秸秆循环利用效率(R-I-2)体现农牧生产系统内部农业废弃物资源循环利用程度，将二者设定为间接指标(表 4-9)。相对于灌溉水使用强度，农业水足迹(R-I-3)不能直接反映水资源利用强度，因此将其归入间接指标，根据区域间产业发展差异，将单位农业产值能耗(R-O-1)和单位动物抗生素投入(R-O-2)作为可选指标(表 4-10)。

表 4-8 中国绿色农业资源投入直接指标体系与分级标准

分类	编号	指标	指标分级标准				分级依据	指标含义	数据获取途径
			I	II	III	IV			
资源投入	R-D-1	氮素使用强度/(kg/hm^2)	<180	180~225	225~315	>315	朱兆良，2008	区域内当年作物生产系统氮素投入总量与总播种面积的比值	统计年鉴
	R-D-2	磷素使用强度/(kg/hm^2)	<35	35~50	50~65	>65	Oenema，2004	区域内当年作物生产系统磷投入总量与总播种面积的比值	统计年鉴
	R-D-3	农药使用强度/(kg/hm^2)	<3.5	3.5~5.3	5.3~7	>7	王禹昕，2017	区域内当年农药投入总量与总播种面积的比值	统计年鉴
	R-D-4	农膜使用强度/(kg/hm^2)	<9.78	9.78~12.70	12.70~26.62	>26.62	专家咨询	区域内当年农膜使用总量与总播种面积的比值	统计年鉴
	R-D-5	灌溉水使用强度/(m^3/hm^2)	<1 350	1 350~2 025	2 025~2 700	>2 700	专家咨询	区域内当年灌溉用水总量与总灌溉面积的比值	统计年鉴
	R-D-6	农业劳动力投入水平/(人/hm^2)	>5	1.26~5.0	0.4~1.26	<0.4	专家咨询	区域内当年农业劳动力总数与耕地、园地面积之和的比值	统计年鉴

第四章　绿色农业发展的新挑战与新思路

表4-9　中国绿色农业资源投入间接指标体系与分级标准

分类	编号	指标	指标分级标准				分级依据	指标含义	数据获取途径
			I	II	III	IV			
资源投入	R-I-1	粪尿循环利用率/%	>75	55～75	35～55	<35	专家咨询	区域内当年畜禽粪尿氮还田量与总产生量的百分比	NUFER模型
	R-I-2	秸秆循环利用效率/%	>80	65～80	50～65	<50	专家咨询	区域内当年秸秆氮还田量与饲用量总和与秸秆产生总量的百分比	NUFER模型
	R-I-3	农业水足迹/[(m³/(cap.·年)]	540	590	640	690	操信春，2011	区域内当年人均农业水足迹	NUFER模型

表4-10　中国绿色农业资源投入可选指标体系与分级标准

分类	编号	指标	指标分级标准				分级依据	指标含义	数据获取途径
			I	II	III	IV			
资源投入	R-O-1	单位农业产值能耗/(kW/万元)	2 450	5 000	7 500	13 370	专家咨询	区域内当年各种农业能耗（机械能耗、用电能耗）总和与农业生产总值的比值	统计年鉴
	R-O-2	单位动物抗生素投入/(kg/LU)	0.02	0.07	0.12	0.17	Zhang，2015	区域内当年动物抗生素投入总量与标准动物单位总数的比值	畜牧统计年鉴

（五）生态环境指标

生态环境主要考虑水体、土壤和大气以及整个农业生态系统的环境质量，将单位面积农田氮素盈余（EN-D-1）、农田氮素径流（EN-D-2）、农田氮素淋洗（EN-D-3）、农业系统氨挥发（EN-D-4）、生产单位食物氮素环境代价（EN-D-5）、农业源 GHG 排放强度(EN-D-6)、土壤有机质水平(EN-D-7)、土壤侵蚀模数(EN-D-8)等作为直接指标(表 4-11),将地表水质量(EN-I-1)、地下水质量(EN-I-2)、空气质量(EN-I-3)、生态环境质量(EN-I-4)、农村污水处理率(EN-I-5)和农村垃圾处理率(EN-I-6)作为间接指标(表 4-12)。考虑到区域农业产业发展的差异性,将森林覆盖率(EN-O-1)、草地覆盖率(EN-O-2)和畜禽耕地承载力(EN-O-3)作为可选指标(表 4-13)。

表 4-11 中国绿色农业生态环境直接指标体系与分级标准

分类	编号	指标	指标分级标准				分级依据	指标含义	数据获取途径
			I	II	III	IV			
生态环境	EN-D-1	农田氮素盈余/(kg/hm²)	<80	80~160	160~240	>240	Panel EUNE, 2015; Zhang, 2019	区域内当年作物系统氮素盈余总量与耕地、园地和人工草地总面积之和的比值	NUFER模型
	EN-D-2	农田氮素径流/(kg/hm²)	<6	6~9	9~18	>18	Chen, 2014	区域内当年农田氮素径流总量与耕地、园地和人工草地总面积的比值	NUFER模型
	EN-D-3	农田氮素淋洗/(kg/hm²)	<10	10~20	20~30	>30	专家咨询	区域内当年农田氮素淋洗总量与耕地、园地和人工草地总面积的比值	NUFER模型
	EN-D-4	农业系统氨挥发/(kg/hm²)	<60	60~90	90~120	>120	专家咨询	区域内当年农牧生产系统的氨挥发总量与耕地、园地和人工草地面积的比值	NUFER模型

第四章　绿色农业发展的新挑战与新思路

续表

分类	编号	指标	指标分级标准				分级依据	指标含义	数据获取途径
			Ⅰ	Ⅱ	Ⅲ	Ⅳ			
生态环境	EN-D-5	生产单位食物氮素环境代价/[/kg(N)/kg(N)]	<3	3~4.5	4.5~6	>6	专家咨询	区域内当年整个食物系统的活性氮损失总量与食物氮生产总量的比值	NUFER模型
	EN-D-6	农业源GHGO排放强度/[kg(CO_2eq)/hm^2]	<2 000	2 000~3 000	3 000~4 000	>4 000	姚波，2016	区域内当年整个食物系统的各种温室气体排放当量总和与耕地、园地和人工草地面积的比值	NUFER模型
	EN-D-7	土壤有机质水平/%	>75	50~75	25~50	<25	刘军，2014	区域内当年测土施肥数据土壤有机质3级水平以上的样点数与样点总数的比值	全国科学施肥网（测土配方数据集）
	EN-D-8	土壤侵蚀模数/(t/hm^2)	<1 000	1 000~2 500	2 500~5 000	>5 000	中华人民共和国环境保护部，2015	区域内当年水土流失总量与国土面积的比值	水利部（局）

表 4-12 中国绿色农业生态环境间接指标体系与分级标准

分类	编号	指标	指标分级标准				分级依据	指标含义	数据获取途径
			I	II	III	IV			
生态环境	EN-I-1	地表水质量/%	>90	70~90	50~70	<50	中华人民共和国环境保护部，2019	区域内当年地表水安全质量	中国生态环境状况公报
	EN-I-2	地下水质量/%	>90	70~90	50~70	<50	中华人民共和国环境保护部，2019	区域内当年地下水安全质量	中国生态环境状况公报
	EN-I-3	空气质量/%	>80	50~80	20~50	<20	中华人民共和国环境保护部，2019	区域内当年空气质量	中国生态环境状况公报
	EN-I-4	生态环境质量/%	>75	55~75	35~55	<35	中华人民共和国环境保护部，2019	区域内当年生态环境质量	中国生态环境状况公报
	EN-I-5	农村污水处理率/%	>90	70~90	45~70	<45	专家咨询	区域内农村污水处理总量与污水产生总量的百分数	中国生态环境状况公报
	EN-I-6	农村垃圾处理率/%	>90	70~90	45~70	<45	专家咨询	区域内当年农村垃圾处理总量与垃圾产生总量的百分数	中国生态环境状况公报

表 4-13 中国绿色农业生态环境可选指标体系与分级标准

分类	编号	指标	指标分级标准				分级依据	指标含义	数据获取途径
			I	II	III	IV			
生态环境	EN-O-1	森林覆盖率/%	>30	22.5~30	15~22.5	<15	中华人民共和国中央人民政府，2019	区域内当年森林面积与国土面积的百分比（为山区评价指标）	统计年鉴

续表

分类	编号	指标	指标分级标准				分级依据	指标含义	数据获取途径
			Ⅰ	Ⅱ	Ⅲ	Ⅳ			
生态环境	EN-O-2	草地覆盖率/%	>30	22.5~30	15~22.5	<15	专家咨询	区域内当年草地面积与国土面积的百分比（为牧区、半牧区评价指标）	统计年鉴
	EN-O-3	畜禽承载量/(LU/hm²)	<2	2~4	4~6	>6	董红敏，2019	区域内当年标准畜禽单位总量与耕地面积的比值	NUFER模型

三、指标体系的应用例证

（一）国家尺度的绿色农业发展时空特征及特征分析

本研究所建立的绿色农业发展指标体系，能够定量分析中国农业发展过程中的资源环境代价。过去几十年，氮素在中国农业集约化进程中总体呈现投入不断增加、农田利用效率开始回升、资源环境代价加剧的特征。本研究所构建的绿色农业发展指标体系，涵盖了作物种植、动物生产、食品加工与食物消费环节的氮素投入、循环利用及各种环境损失等方面，实现了对整个食物系统氮素流动的定量分析。一方面可以用氮素指标来表征绿色农业发展的水平，另一方面可以通过分析指标间关系来调控氮素的管理，进而探明绿色农业发展的实现路径。崔石磊等选取了其中与氮素相关的18个指标，定量阐明了中国1980—2017年食物系统氮素的时空变化特征：氮素使用强度总体增加，由121.2kg/hm²增加至309.3kg/hm²；氮素生产能力稳步提升，单位动物蛋白产量和单位面积植物蛋白产量分别由11.0kg/LU和231.2kg/hm²提高到28.7kg/LU和582.7kg/hm²；农田氮素利用效率呈现先下降后回升的变化趋势，由1980年的30.53%下降至2003年的23.89%，之后出现回升的趋势，于2017年达30.14%；环境排放急剧增加，农业源GHG排放由2 362.5kg(CO₂eq)/hm²增加至4 018.5kg(CO₂eq)/hm²。研究进一步系统分析了经济增长、饮食结构改变、农业生产方式转变等因素对氮素指标的影响和驱动作用，该研究是立足国家尺度，选取食物系统绿色发展中氮素相关指标，开展时空变化特征和影响因素分析应用研究的一个案例；该指标体系可为开展国家尺度绿色农业发展相关指标评价、影响因素解析和动态关联分析提供方法。

(二)区域绿色农业发展关键问题解析

中国幅员辽阔,地域之间自然条件、资源禀赋和农业生产特征存在明显差异,制约各个区域绿色农业发展的瓶颈问题和影响因素也不尽相同。基于本文构建的绿色农业发展指标体系,通过定量分析指标的变化特征,可以解析出不同区域制约绿色农业发展的各自特色鲜明的瓶颈问题。

宋晨阳等选取了该指标体系中的20个指标,其中直接指标15个,间接指标1个,可选指标4个,定量分析了海南岛绿色农业发展现状和特征,并解析了热带特色绿色农业发展存在的主要问题,海南省制约绿色农业发展的主要瓶颈问题是农药、氮素使用强度过高,2017年分别达47.1kg/hm^{2}和411.7kg/hm^{2}农牧系统环境排放较高,2017年农业源氨排放达131.4kg/hm^2,其主要驱动因素是种植业结构中热带水果和蔬菜种植比例过高(2017年二者的种植面积占农作物播种面积的68.9%),以及畜禽养殖密度过高(2017年达7.4LUs/hm^2,远高于本研究所规定的Ⅳ级水平)等。

李雨檬等则选取了27项指标,包含直接指标18个,间接指标6个,可选指标3个,定量分析了河北省县域尺度绿色农业发展的时空变化特征及主要影响因素。结果表明,影响河北省绿色农业发展的主要问题是农业化学品投入过高,区域氮素平均投入水平达330kg/hm^2,农业源环境排放较高,2017年农业源氨排放达156kg/hm^2,而农田与畜牧生产环节严重脱节是主要的影响因素。

上述研究是针对不同区域尺度,通过指标体系定量分析各个区域的绿色农业发展指标的时空变化特征;该指标体系可以解析各自区域绿色农业发展的瓶颈问题,以期为区域绿色农业发展的落地实现提供科学支撑。

(三)产业发展对标分析与综合挖潜

产业发展是推进绿色农业发展的重要支撑,产业兴旺也是乡村振兴战略的重中之重。借助于本文所构建的绿色农业发展指标体系,可以实现全产业链的对标分析,找出差距,进而提出挖掘产业潜力的途径。高巍等以中国奶业为例,基于该指标体系,从社会发展、经济效益、产品生产、资源投入和生态环境五方面选择28个指标,进一步丰富和完善了奶业发展指标体系,通过分析中国奶业绿色发展指标的时空变化特征,阐述了中国奶业发展水平虽得到大幅度的提升,但依然存在社会发展缓慢、经济效益差、生产水平低、资源投入高和环境代价大的问题；进一步对标国际奶业发展水平，找出了中国奶业发展在饲料生产、奶牛养殖和奶制品消费等各个环节与国际发展水平的差距，解析了奶业产业发展过程中存在的瓶颈问题与限制因素：①饲料种植环节的资源过量投入，生产单位牛奶的蓝水、耕地、化肥等投入水平远高于国际先进水平，化肥、人工和机械费用投入是影响奶牛饲料生产的主要因素；②奶牛养殖环节的产品生产水平低、资源投入和生态环境代价大，牛奶生产成本高、效益低，其主要影响因素为饲料种植和奶牛养殖技术、管理水平低，种养分离以及不合理的定价机制；③此外，受居民收入、乳品质量、销售渠道和乳糖耐受性等因素影响，中国奶制品消费远低于亚洲平均水平。通过上述指标的对标分析和瓶颈问题诊断，提出了在前端饲料生产环节优化产业布局和生产结构，降低农业化学品投入的建议；而在奶牛养殖环节建议适当增加养殖规模，降低饲料等投入成本，注重环境质量控制；在末端消费环节则建议通过"居民营养计划"等政策制度创新拉动消费需求，促进产业升级。该研究的全产业链指标分析和瓶颈问题诊断，可以为我国"奶业振兴"计划提供定量科学依据。此外，该指标体系可以用于剖析奶企和奶农全产业链中的主要瓶颈问题与具体环节的限制因素，作为奶业升级和优化的重要工具。同时，该案例可为其他农业产业问题诊断、探明优化措施提供借鉴。

四、绿色农业发展指标体系的研究展望

（一）指标体系的完善与国家基础数据的监测和采集

绿色农业发展本身是一个综合性的复杂系统，本节力求从科学层面进行尝试性的探索，构建一个全面、系统、定量化的评价指标体系，然而就目前指标的选取、计算和目标值的确定仍然有很大的完善和提升空间。关于指标的选取，考虑到数据可获取性的原则，本研究所确立的绝大多数指标可以通过统计数据和文献资料来获取并进行计算。但是，尽管一些生态环境指标对于绿色农业发展的意义重大，却暂时无法获取，建议未来国家科技管理部门通过设置重点研究专项予以支持。此外，建议国家加强农业生态环境监测与数据采集，并通过特定渠道进行数据公开，为绿色农业发展的评价与系统分析提供基础数据支撑。

除了依赖统计数据作为获取指标的主要来源之外，有些指标譬如杀虫剂和抗生素的使用可能需要在区域有代表性的农场进行实地调研，生物多样性则可能需要借助于遥感的手段进行监测。另外，国家尺度的指标可能不适用于区域尺度和

农场尺度，比如食物自给率在国家尺度上升为一个战略问题，但在区域尺度则仅仅反映一个区域的农业发展类型。而考虑到中国幅员辽阔，地域之间自然条件、资源禀赋和农业生产特征差异较大，今后可以尝试通过 Benchmarking（标杆管理法）的方法并结合区域特点来确定各个指标的区域目标值。

（二）指标体系的应用与对政策制定和产业发展的支撑

未来可首先基于本研究构建的指标体系分析中国绿色农业发展现状水平，通过对指标分析阐明中国绿色农业发展的差距，然后通过 DPSIR 理论框架进一步分析指标间关系，明确绿色农业发展的影响因素及驱动响应机制，为中国绿色农业发展这项国家战略的政策制定提供决策依据，进而通过 Back－casting（回溯预测）的方法，来定量绿色农业发展过程中的瓶颈问题，同时提出解决具体问题的"撬动杠杆"，最终通过指标体系与系统方法论、数学模型的结合，构建多目标的系统分析方法，系统设计中国绿色农业发展的实现路径。

第六节 绿色农业发展的科技创新

一、绿色农业发展科技创新面临的挑战

绿色农业发展是一项非常复杂的系统工程，需要解决诸多科学技术问题，不但要创新理论、方法和技术，还要解决监测与评价、全产业链解决方案和区域落地应用问题，同时需要构建绿色农业生产标准及法律法规体系。因此，绿色农业发展科技创新面临多方面的挑战，具体表现在以下几方面。

（一）绿色农业发展系统研究理论和方法亟待创新

农业可持续发展一直是国际社会关注的热点。中国农业发展仍然面临着粮食数量和质量日益增长、农业生产资源（耕地、水、养分等）日趋紧缺、生态环境持续恶化、农村人口增收困难等严峻挑战。中国农业向绿色发展转型势在必得，即在解决中国粮食安全问题的基础上，实现资源高效、环境友好、经济增长和营养健康。因此，需要建立多目标协同实现和系统分析方法，构建评价指标体系和定量分析的工具，而当前多学科交叉的理论和系统研究方法相对滞后，难以为我国正在全面推进的绿色农业发展提供强有力的科技支撑。

第四章　绿色农业发展的新挑战与新思路

（二）急需构建区域绿色农业发展监测和评价体系

在建立科学监测体系基础上，定量评价绿色农业发展既是查找限制绿色农业发展瓶颈问题并提出应对策略的重要手段，也是进行绩效考核、推进区域绿色农业发展的基础性工作，更是科学研究的关注热点。绿色农业发展要依靠科技进步和制度创新，把经济效益、社会效益和生态效益统一起来，走资源节约、环境友好、产出高效、产品安全的农业现代化道路，其中多产出，少污染，大幅度提高效率；提品质，增价值，大幅度提高效益，增加农民收入；节资源，保环境，把"绿水青山"变成"金山银山"，实现绿色可持续，这是推进区域绿色农业发展的主攻方向，也是评定区域绿色农业发展的重要指标。目前，我国已经有一些绿色农业发展指标体系的研究工作，但仍处于起步阶段，并且没有形成共识；同时，这些指标的监测数据也有较大缺失，即使存在，也分散在不同部门并缺乏统一的标准，更缺少监测数据与评估体系结合的监督机制。

国际上针对可持续发展的评价做了大量工作。联合国 2015 年提出可持续发展议程确定了 17 个大类目标和 169 个具体目标，到 2017 年进一步明确为 262 个具体指标，用来评价各个国家可持续发展状况，但仍然面临数据指标监测、统计和预测模型能力不足的限制。指标体系的构建有利于将不能定量化的问题定量化、将复杂事物变成更容易理解和沟通的条目，并且能够在复杂系统中搭建知识沟通的桥梁，在聚焦缺陷、准确解决问题方面发挥重要作用，但也存在问题过于简化的风险、目标受价值取向主导、政策偏重易定量化的指标等不足。偏颇的指标体系不但不能发挥应有的作用，有可能还会带来负面影响，指标体系的应用要慎重。这些研究为我们提供了可以借鉴的经验。因此，加强科技创新，尽快建立完善的绿色农业发展指标体系及其监测与评估体制，并且与奖惩措施挂钩，就成为绿色农业发展实现的重要保障。

（三）进一步增强绿色农业发展全产业链解决方案创新动力

绿色农业发展提倡绿色与发展的协调，而经济是发展的具体表现和评价指标，受市场影响大；绿色生态环境属于公共资源范畴，常常市场失灵，需要政策调控和良好的市场机制设计。食物系统涉及动植物生产、加工、销售和消费多个环节和多个利益主体，目前在资源环境问题上往往生产端贡献较大，而在经济利益分配上后端加工和销售主导性强。因此，做好全产业链融合设计，需要建立全链条资源环境保护和利益分配的市场驱动和政策调控机制。这种良性机制也是绿色农业发展中实现发展带动绿色、绿色促进发展的重要保障。

国际上也十分重视全产业链的融合，Poore 和 Nemeeek 于 2018 年在 Science 撰文指出，通过生产者和消费者之间的良好协作可以减少食物生产消费所带来的环境影响，他们建议首先生产者要利用数字工具监测产品的环境影响，其次，政策制定者要设定环境阈值并给予生产者税收、补贴等方面的支持以鼓励降低环境影响，之后给生产者提供减排和增加生产力的技术措施，最后是通过供应链和消费者的有效沟通，鼓励消费者通过改变膳食结构、减少食物浪费等途径降低环境效应。然而，目前我国农业产业链不完整，产业链创新动力不足，资源配置不合理，缺乏有效融合，效率低，价值增值受限，产品竞争力不强，无法持续获得利润，不能满足消费者对高品质农产品的需求。管理层面农业全产业链绿色生产标准体系不健全，缺乏标准化绿色生产的保障机制，产业链一体化生产流通体系仍未打通，这些问题制约着绿色农业发展的实现。

（四）完善县域绿色和发展协同的落地模式

目前，绿色农业发展作为一项国家战略正在我国不同层面逐步实施，但仍然缺乏具体的区域农业全产业链解决方案和落地的实施路径。县域是我国行政调控的基本单元，具有地域特色和完备的政治经济功能，在国民经济发展中极具代表性，是绿色农业发展战略研究落地的最佳单元。目前，农业农村部开展了县域绿色农业发展先行区的试点工作，但县域绿色农业发展仍然面临各系统界面不衔接、农业产业链系统创新乏力、政策和市场匹配不到位等现实问题；同时，农业绿色产业存在供给结构不合理，有效需求不足，产业组织化程度低，科技创新能力薄弱，产业服务化体系缺乏等问题。

二、绿色农业发展科技创新的研究重点

绿色农业发展作为一种新理念和新模式，其科技创新也需要新思路。传统农业科研分类太细，学科壁垒日趋严重，高校—企业—政府等各类创新主体协同攻关体制机制缺乏，尤其是理论与实践脱节、科研与产业脱节，已经不能适应绿色农业发展科技创新的需要。因此，绿色农业发展的科技创新需要从系统的角度考虑多目标协同和多学科交叉创新，其研究重点包括：

（一）绿色农业发展的交叉研究和系统研究方法

总体来说，自然资源（土地、水、空气、光热等）和社会资源（人力资源、技

术、工具、信息资源以及劳动创造的物质财富)是绿色农业发展的根本。但在复杂的系统内如何分配、利用、节约、循环,实现资源效益的最大化,是绿色农业发展研究的根本问题。譬如,如何合理利用氮资源进行农业活动,以生产足够的粮食支撑人类健康生活,同时没有过多的活性氮损失危害生态环境,影响人类健康。因此,绿色农业发展的研究覆盖整个食物系统及其各个环节,研究物质、能量、价值和信息的流动规律及其相互关系;突破水—土—气界面、土壤—植物界面、种植—养殖界面、生产—消费界面、系统优化—落地验证界面上的前沿科学和关键技术,揭示界面间的耦合机制;明确各系统界面物质流动、时空动态及其对经济效益、资源效率、环境效应、生态功能和营养健康等的影响;探明食物生产与消费整个链条的驱动和响应机制,特别是市场、政策和认知3个驱动因素的贡献及其影响因素(图4-8);构建政策驱动和市场引导的农业绿色和发展协调机制,提出多目标协同优化的调控途径。研究方法上要以农业全产业链物质循环及其生态环境效应的系统定量分析、系统设计、区域验证、优化实现为主线,建立多学科交叉,自上而下和自下而上相结合,从农户、流域、区域、国家和全球多尺度的系统研究方法体系。

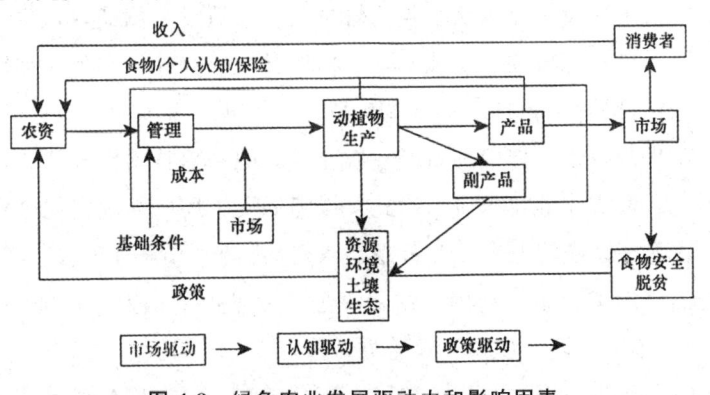

图4-8 绿色农业发展驱动力和影响因素

(二)流域和区域绿色农业发展监测体系、评价指标和控制阈值

建立完善的绿色农业发展指标体系及其监测、评估体系,完善与奖惩措施挂钩的考核制度是实现绿色农业发展的重要保障。设置绿色农业发展环境控制阈值,完善监测体系和评价指标,推行绿色生产技术和政策,遏制资源、环境、生态指标恶化是推进绿色农业发展的重要前提。包括:将绿色农业发展相关指标长期定位监测纳入国家中长期科技发展规划纲要,逐步构建绿色农业发展基础数据库;根据区域变异和指标特性,建立绿色农业发展的综合监测体系;根据区域资

源和生态环境现状，以星球界限理论、发展目标等为依据，通过全国联网研究，设定区域绿色农业发展的资源环境目标值和调控阈值，并以此为依据，进行区域绿色农业发展的规划设计。最后，围绕绿色农业发展目标，建立完善的绿色环境政策约束和激励机制，丰富和完善绿色农业发展的考核制度，通过奖惩措施推动绿色农业发展的区域实现。

（三）农业全链条绿色产品、技术创新与应用

目前，农产品生产、加工、消费等各个环节严重脱节，绿色和发展中利益分配不合理，制约了绿色生产技术的应用。推进绿色农业发展应积极倡导、贯彻农业全产业链理念，以生产优质、安全、营养的绿色农产品为目标，实施产前、产中、产后的全过程控制，强调农业整个链条的标准化、绿色化，突破各个环节的技术瓶颈，构建"绿色生产—绿色产业—绿色消费"的产业链条(图4-9)。主要包括：①建立全链条绿色农业发展技术规程，集成创新农业产业不同阶段的绿色技术，最大化技术正交互效应，降低损耗和环境排放，加强产业交叉融合，形成全链条绿色技术标准与规程；②建立绿色食品全产业链认证、标准与监管机制，加强绿色食品的信用建设，完善认证与监管机制，以消费端倒逼绿色生产，以发展带动绿色；③围绕资源节约、环境友好、提质增效等目标，实现关键环节技术突破，如研发绿色投入品(肥料、生物降解膜、杀虫剂、除草剂、饲料等)，创新并推行关键绿色生产技术，探索创新绿色农业发展的关键技术标准化、产品化、机械化、信息化、集成化等技术应用模式，以降低资源环境影响，促进绿色优质高产高效生产，实现系统提升；④充分挖掘农产品价值，延长产业链，推进农产品加工副产物的深加工和循环利用，创新绿色农业发展新产业、新业态，发展"互联网+"农业，聚链成网，发挥产业集群效应。

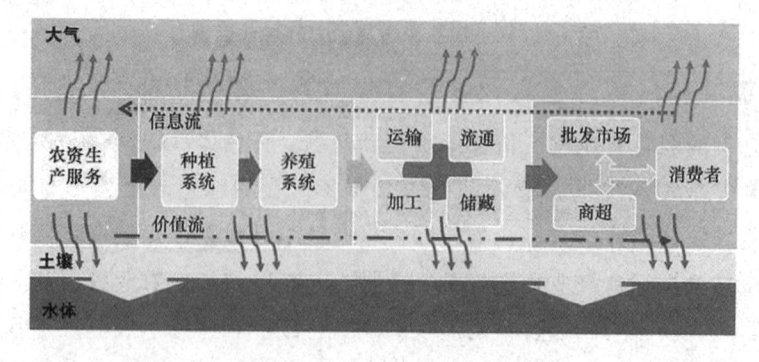

图4-9 农产品全产业链示意图

（四）绿色农业发展落地模式和大面积实现途径

绿色农业发展立足整个食物系统，需要多重目标的协调实现，进而在区域实现真正落地。县域由于具有完整的行政主体，被认为是绿色农业发展落地实现的最佳单元。如何以县域为单元，实现区域绿色农业发展是要研究的重大命题之一。①结合绿色农业发展指标体系，协同区域绿色农业发展定位与总体目标，设计区域绿色农业发展中远期规划及实现路径，完善考核指标体系，是保障绿色农业发展落地的重要举措。②系统诊断区域绿色农业发展的瓶颈问题与限制因素，开展全产业链绿色和发展协同模式创新；通过"政产学研用"多主体协作，探明绿色农业发展政策创新、制度创新和科技创新的路径，以绿色环境与资源为卡口提出县域绿色农业发展全产业链的系统解决方案。③探索农户参与式与企业为主体、政府和科教力量支撑的新模式和技术应用新机制，打造基层一线的企业、农业合作社样板，助推绿色产业发展。目前，国家已分两批选定80个国家绿色农业发展先行区，探索绿色农业发展体制机制改革和支撑体系建设的模式和经验。对先行区开展综合评估，提炼可复制可推广的绿色农业发展模式对于大面积落地实现同样具有重要意义。

第五章
绿色农业发展与农产品市场结构演进

第一节　农产品市场结构
第二节　绿色农业发展与农产品市场结构演进
第三节　绿色农产品市场界定
第四节　绿色农产品市场结构优化

本章主要阐述农产品市场结构的类型及其对于农业增长的含义，相应地，绿色农业开始发展、经认证的绿色农产品进入市场后对农产品市场性质的可能影响，由此进一步阐释可能变化了的农产品市场结构对绿色农业增长的含义，以及对于绿色农产品市场结构的进一步优化。

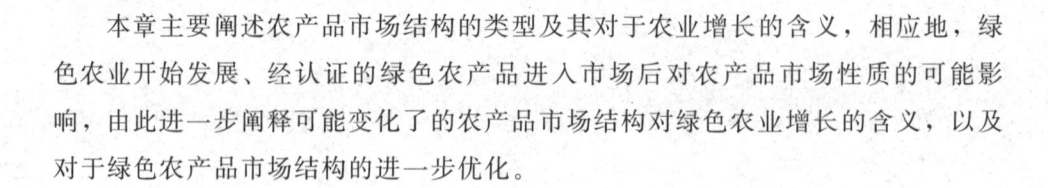

第一节 农产品市场结构

一、农产品市场结构的类型及其特征

（一）农产品市场结构的类型

市场结构划分为完全竞争、垄断竞争、寡头垄断和完全垄断四种类型。在不考虑产品质量和环境资源条件下，仅就简约的卖方（生产者）与买方（消费者）关系而言，农产品市场是最接近于完全竞争的结构类型。一方面，完全竞争的市场结构假定这一市场的卖者和买者都无限多，同时假定同一市场的产品都是同质的，因而任何单个的卖者或买者都不具有影响市场价格的能力。从这些假定来说，农产品市场属于完全竞争。另一方面，在现实中，农业符合这种完全竞争市场结构的条件又是不完全或不充分的，例如，关于生产者或消费者对于市场的信息都具有充分的认识这一条件在农业中显然缺乏支持，因此，通常是把农产品市场作为典型的近似完全竞争市场加以认识和讨论。但是，当引入产品质量和环境资源两个约束条件再考察农产品市场的性质时，作为最理想或最接近理想市场结构形态代名词的完全竞争或近似完全竞争显然已不再适用于农产品市场。因此，在理论上重新认识农产品市场结构的性质非常必要。依据对亚完全竞争市场的阐释，将农产品市场定义为近似亚完全竞争是合适的。

（二）农产品市场结构的特征

由于亚完全竞争与完全竞争在假定条件上的唯一区别在于有关产品的具有"信任品"特性的质量信息是否完全上，因此两个市场的特征既有相同之处，又有所区别。总的说来，近似亚完全竞争的农产品市场结构的基本特征如下。①农业生产者数量极其众多而规模极其微小，单个生产者提供的供给只占市场总供给的极小份额，其变动不足以影响市场价格，因而生产者只是价格的接受者而不是决定者。②同一种农产品之间是同质和无差异的,任何生产者不能形成差别性垄断进而操纵价格。③生产要素相对自由流动,即农业生产要素可以用于许多不同种农产品的生产,进行相互转换。④农业进入壁垒较低,这主要是由于经营农业所需的最低规模很小,因而投资农业的门槛不高。显然,与其他产业相比,这些特征使得农产品市场的竞争相对要充分得多。⑤市场上的信息是不完全的,因而两个市场的运行结果存在差异。

二、近似完全竞争的农产品市场对消费者福利和资源的影响

农产品市场近似亚完全竞争的特征,一方面揭示了农业中所谓"小生产、大市场"的实质,即对于同质的农产品市场来说,任何单个的生产者都如此之小,显得无足轻重,仅从这一意义上说,农产品市场具有完全竞争的性质;另一方面也揭示了农业在特定的发展阶段会降低消费者总体福利水平并使自然、环境资源遭到较大的破坏,这主要源于世界各国在农业生产中大量使用农用化学物品。例如,美国在推进农业发展的过程中,因大量使用化肥、农药和生长激素,不仅影响了农产品质量(直接关系到消费者的身体健康),也破坏了环境(水、土壤、大气资源等)。20世纪中叶前,由于农药污染,美国河流湖泊中的鱼虾几乎消失,环境成了农业发展的牺牲品。

由此可知,在农业生产过程中大量(过量)使用化肥、农药不仅对自然、环境资源产生了较大的破坏作用,而且农产品中较高的化学残留水平对人体健康既造成了直接危害又构成了严重的威胁。除农药、化肥以外,农业生产中其他的投入要素也对人体健康和环境资源构成威胁,例如,动物生产过程中饲料添加剂中的抗生素、激素等的滥用,植物类农产品生产过程中塑料薄膜的大量使用等。此外,农业生产中的转基因技术一直以来饱受争议,因为转基因生物(Genetically Modified Organism,GMOs)的食品安全性和环境安全性一直受到质疑。因此,现代农业的发展对环境和人类健康日益扩大的负面影响迫使我们不得不以新的标准来重新考察现代农业的发展与社会福利水平、资源配置的关系问题。总体来看,中国农产品市场基本符合亚完全竞争市场的基本特征。

三、亚完全竞争市场与完全竞争市场的运行结果异同

亚完全竞争市场与完全竞争市场在运行结果方面的相同之处在于:①从短期

分析，市场均衡条件为边际收益等于边际成本，但边际收益大于平均成本（MR=MC，MR>AC），即厂商可以获得超额利润；②从长期分析，市场均衡条件为边际收益等于边际成本并等于平均成本（MR=MC=AC），即在长期中，由于生产者数量极其众多，以及产品是同质或标准化的（或产品虽然有差异，但在消费者看来是同质的），进入容易，因而每个生产者都力图达到平均成本最低的产出规模水平，即成本最小化，而收益则被限定在竞争性水平，即超额利润不复存在。不同之处在于：①两个市场的均衡水平不同，在均衡状态下，亚完全竞争市场的产量要高于完全竞争市场，而价格则低于完全竞争市场，即仅从数量福利的角度看，亚完全竞争市场要优于完全竞争市场；②在产品供求平衡或供大于求的状况下，消费者对产品质量的需求上升，由此亚完全竞争市场所带来的数量福利的增加将逐步被消费者对质量的需求难以满足造成的质量福利缺失所抵消，加之其对环境资源造成的破坏，亚完全竞争市场就会导致错误的资源配置及消费者福利（社会福利）水平下降，具体表现为：虽然农产品产量日益提高，但是品质（口感、安全、营养等）日趋下降；农业生产对环境的污染问题日益严重。

在中国绝大多数农产品供略大于求的现实背景下，将中国农产品市场定义为近似亚完全竞争市场的政策含义是：在特定的时期，农产品的市场结构会导致消费者福利下降和资源配置合理程度趋弱，因而有必要对农产品市场结构加以优化。由于亚完全竞争是由产品的"信任品"品质信息在生产者和消费者之间不对称分布导致的，因此优化的途径主要有两条：一是加强对农产品质量的检查并及时将相关信息传递给消费者；二是大力推进农产品的认证工作，即大力发展认证农业。但应以后者为重，因为检查、传递信息的成本和难易程度与市场上的竞争程度呈正相关关系，竞争程度越高，该市场上的厂商数量越众多，从而相应的检查、信息传递成本加大、困难程度提高。

第二节 绿色农业发展与农产品市场结构演进

一、绿色农业的起源

广义的绿色无公害农业最早起源于国际有机农业运动的兴起。早在20世纪

第五章 绿色农业发展的科学理论

三四十年代就有人提出保护土壤的"健康",发展有机农业,为人类生产没有污染的健康食品——有机食品。为了推动世界范围内有机食品的发展,1972 年 11 月 5 日,英国、瑞典、南非、美国和法国 5 个国家的代表在法国发起成立了有机农业运动国际联盟(International Federal of Organic Agriculture Movement,IFOAM)。经过 20 多年的发展,该组织已拥有 100 多个国家和地区的 600 多个会员,并已成为当今世界一个最广泛、最庞大和最权威的国际有机农业组织。1993 年,中国绿色食品发展中心成为该组织成员。

在 IFOAM 的推动下,近 20 多年来,有机农业和有机食品的生产、加工在世界范围内得到了迅速发展。以有机农业和有机食品为追求目标的计划与行动层出不穷,如德国的"蓝色天使"行动、日本的"生态"标准计划、法国的"标准—环境"计划、加拿大的"环境的选择"行动等。

二、中国绿色无公害农业变化历程

我国不少地区从 20 世纪 80 年代起就开展了绿色无公害农产品生产技术的研究、示范和推广工作。到目前为止,中国绿色无公害农业的发展大体经历了四个阶段,即研究试验阶段、组织攻关阶段、分散管理阶段和统一规范管理阶段。

(一)研究试验阶段

从 1983 年开始,农业部原全国植保总站组织了"长江流域 7 省市无公害蔬菜生产开发与应用""北方 12 省无农药污染生产技术研究应用"及"广东、广西、福建、云南四省(区)无公害蔬菜生产技术开发应用"三个协作组,通过无公害蔬菜生产的技术路线和技术措施的研究,分别制定了黄瓜、番茄、茄子、甜椒、白菜、甘蓝、菜豆等无公害蔬菜生产技术规程。有些省市还制定了地方品种质量标准。1989 年,农业部绿色食品办公室将无公害、无污染蔬菜纳入绿色食品范畴。

(二)组织攻关阶段

农业部原环保能源司于 20 世纪 90 年代中期在自发研究试验的基础上,组织湖北、黑龙江、山东、河北、云南五省开展绿色无公害农产品协作攻关。国内许多省份的农业综合开发项目中,有相当大的一部分资金用于绿色无公害农产品的研制、开发,并取得了长足进展。

(三)分散管理阶段

绿色无公害农业在经过研究试验和协作攻关两个阶段后,无论是在技术积累还是在管理程序上,都摸索了一些成功的做法。全国有1/3的省份出台了部门规定或地方立法,明确了农业部门是绿色无公害农产品生产的技术监督与管理部门,制定了地方绿色无公害农产品生产技术操作规程和产地、产品的质量安全标准,启动和开展了绿色无公害农产品生产工作,并以各省份农业行政主管部门的名义,对合格的绿色无公害农产品基地或绿色无公害农产品授牌。

在前述三个阶段,绿色无公害农业属于广义的范畴,即当时的绿色无公害农产品生产主要指的是绿色食品和有机食品的生产。狭义的绿色无公害农业只是到了第四阶段才真正发展起来。

(四)统一规范管理阶段

绿色无公害农业生产在各地政府的大力推动下,在一定区域内开始步入有序发展。2001年4月,农业部(现中华人民共和国农业农村部)启动了"无公害食品行动计划",从此揭开了中国的狭义绿色无公害农业发展的序幕。该"行动计划"分两步实施。第一步计划从2001年4月开始在北京、天津、上海和深圳四座城市试点并实行市场准入制度,同时,在全国启动了100个绿色无公害农产品基地示范县、市。第二步从2002年开始在全国范围内全面推进"无公害食品行动计划"。2001年9月,农业部公布首批73项绿色无公害农产品行业标准并于同年10月1日在全国范围内开始实施,同时,国家质量监督检验检疫总局批准发布8项农产品质量安全国家标准并于10月1日开始实施。2002年4月29日,农业部和国家质检总局颁布了全国《绿色无公害农产品管理办法》。2002年11月25日,农业部和国家认证认可监督管理委员会联合发布了《绿色无公害农产品标志管理办法》。从此,中国的狭义绿色无公害农业步入有标可依、有法可依的良性发展轨道。

绿色无公害农产品的认证工作是绿色无公害农业良性发展的关键环节。我国的绿色无公害农产品认证工作是从地方先期认证试点开始的。在全国统一标志认证未正式开始前,各地本着"探索路子,开展试点"的原则,在绿色无公害农产品产地认定和产品认证方面进行了积极的尝试。而到了2022年10月,农业农村部发布深入学习贯彻《中华人民共和国农产品质量安全法》的通知。尤为值得关注的是,其中指出,做好与新修订农产品质量安全法施行工作的衔接,停止绿色无公害农产品认证,停开农产品产地证明,加强承诺达标合格证工作指导。

三、绿色农产品入市对国内农产品市场结构的短期影响及国内农产品市场结构演进

前文指出,市场结构的性质主要由三个因素决定:市场集中度、产品差异度以及进入与退出壁垒。作为近似亚完全竞争的农产品市场,当经认证的绿色无公害农产品进入市场后,农产品市场结构必然受到或大或小的影响。这种影响是否足以根本改变农产品市场结构的性质则取决于上述三个决定市场结构性质因素变化的程度。下文将围绕上述三个因素考察绿色无公害农产品入市后,短期内农产品市场结构可能受到的影响及长期的可能变动轨迹。

(一)短期影响及对绿色无公害农业增长的含义

从市场集中度指标看,短期内,无论是从事绿色无公害农产品生产的厂商数量,还是绿色无公害农产品的产出数量,在相应的总量(农产品生产厂商数量、农产品产出总量)中所占的比重极低,甚至可以忽略不计。因此,短期内绿色无公害农产品入市对农产品市场结构的性质几乎不会产生任何影响。

依产业组织理论的观点,消费者的主观立场是判断产品是否存在差异的唯一标准,即产品存在差别只是由于消费者认为它们不同;反之,只要消费者认为产品完全相同,即便产品之间存在真实的差异,这些产品就是同质的、无差别的。由于绿色无公害农产品与同类常规农产品之间的差异能否得到消费者的认可及认可程度的高低对当前中国的农产品市场结构改善及绿色无公害农业的增长至关重要,又鉴于现代产业组织理论将研究的重心放在了形成产品差异的原因上,因此,有必要深入研究影响消费者认同绿色无公害农产品与同类常规农产品之间存在差异的原因。根据前文所做的影响消费者认同产品间存在差异的原因分析,笔者认为,在绿色无公害农业发展初期,影响消费者对两类农产品间存在差异的原因主要有三个:①消费者对绿色无公害农产品的认知程度;②消费者对政府有关部门认证的绿色无公害农产品的信任程度;③消费者对食用农产品质量安全的理解与态度。

短期内,不管消费者对绿色无公害农产品与常规农产品之间差异的认可程度高低如何,由于绿色无公害农产品生产厂商数量和相应产量在农产品市场上所占份额太小,因此绿色无公害农产品进入市场对农产品市场结构的影响依然可以忽略不计。但是,对这种差异认可程度的高或低,对绿色无公害农业增长及农产品市场结构的改善(农业由数量增长型向质量增长型过渡)的意义却大不相同。当消

费者对这种差异的认可程度较高时,表现为两类农产品之间的替代性较低,绿色无公害农产品的需求弹性低,消费者对绿色无公害农产品有较强的支付意愿,进而可能形成垄断程度较高的绿色无公害农产品市场,绿色无公害农产品生产厂商就可能获得较好的经济效益(市场绩效)。伴随着各类生产要素向绿色无公害农业领域的流入,绿色无公害农业将得到长足发展且农产品市场结构将逐步得以改善,改善的进度取决于全体消费者对两类农产品差异的认可程度;当消费者对这种差异的认可程度较低时,表现为两类农产品之间的替代性较高,绿色无公害农产品的需求弹性高。由于绿色无公害农产品生产成本及交易成本通常要高于同类常规农产品,因此消费者对绿色无公害农产品较低的支付意愿将直接导致绿色无公害农产品生产厂商较低的经济绩效。如此,市场机制难以保证生产要素向绿色无公害农业流动,甚至会导致现有的绿色无公害农业生产要素倒流。由此可见,提高消费者对两类农产品之间差异的认可程度对绿色无公害农业增长及中国农产品市场结构的改善具有重要的现实意义。

从进入壁垒看,绿色无公害农业要高于常规农业,主要表现在三方面:一是绿色无公害农产品的认定需要较为复杂的认证手续并承担相应的费用(含认定有效期内的各种监督检查、检疫费用),且有效期太短(3年);二是符合绿色无公害农产品产地标准的土地供给具有明显的刚性特征;三是绿色无公害农产品基地的认定有一定的规模和组织化要求,即要求发展绿色无公害农业必须以产业化经营的方式进行。当然,由于政府的行政行为(各种促进措施),绿色无公害农业的进入壁垒会有一定程度的降低;从退出壁垒看,绿色无公害农业要大大低于常规农业,即当发展绿色无公害农业所获得的经济绩效低于常规农业时,绿色无公害农产品生产厂商就会轻易退出绿色无公害农业转入常规农业领域,而一些介入绿色无公害农业领域的"龙头企业"甚至可以轻易退出农业领域。所以,与常规农业相比,较高的进入壁垒与较低的退出壁垒成为绿色无公害农业增长的又一障碍。

总之,短期内极低的绿色无公害农产品产量和极少的生产厂商数量决定了绿色无公害农产品进入市场对中国农产品市场结构的影响是微不足道的。从理论上讲,近似亚完全竞争的中国农产品市场结构对中国绿色无公害农业增长是非常有利的,即近似亚完全竞争的中国农产品市场结构为中国绿色无公害农业发展提供了天然的市场机会。但绿色无公害农业短期内(未来3~5年)能否取得长足发展取决于消费者对绿色无公害农产品与同类常规农产品之间差异认可程度的高低,而绿色无公害农业较高的进入壁垒和较低的退出壁垒使得绿色无公害农业非常脆弱，若绿色无公害农产品生产厂商不能获得满意的经济绩效，生产者的道德风险行为或退出绿色无公害农业将不可避免，中国农产品市场结构的性质也将难有改观。

(二)国内的农产品市场结构演变

从长期来看，随着绿色无公害农业生产的逐步推进，农产品市场上两类农产品各占农产品总量的比重将呈相反方向变化，农产品市场结构逐步得到改善，直至达到这样一种状态：常规农产品退出农产品市场，市场上仅有经认证的绿色无公害农产品出售①，亚完全竞争的市场结构最终演变为一种新的结构类型。与其他产业相比，农业产业无论在市场集中度、产品差异度方面还是在进入与退出壁垒方面都要低得多，绿色无公害农业同样如此。当常规农业发展演进为绿色无公害农业后，由于产品差异指标可能发生较大变化，因此下文将从这一指标讨论(无公害)农产品市场结构的性质及其对(无公害)农业增长的含义。

由于农产品市场上均为经认证的绿色无公害农产品，仅从质量安全品质分析，同种农产品之间在物理属性上已没有任何差别。总体来看，同种绿色无公害农产品之间的差异却依然存在，主要表现在两方面：①在产品的外观、口感品质等物理属性方面，同种绿色无公害农产品之间存在差异，这与绿色无公害农产品进入市场前与同种常规农产品之间存在差异的原因与程度大体相同；②由于每家生产厂商获认证的绿色无公害农产品均有自己的品牌，这就使得消费者在长期的消费过程中会对某种或某几种品牌形成消费偏好，进而会形成同种绿色无公害农产品之间表现在消费者主观认识上的产品差异。由此，当常规农业发展演进为绿色无公害农业后，同种农产品之间的差异程度要高于常规农业下的同种农产品之间的差异程度，农产品市场上的垄断程度提高，但中国农业"小生产，大市场"的基本特征决定了绿色无公害农业较低的市场集中度、进入与退出壁垒指标不会发生大的变化，故(无公害)农产品市场结构将表现为典型的垄断竞争类型。所以，绿色无公害农产品进入市场后，中国农产品市场结构的演进轨迹应该是逐步由近似亚完全竞争演变为垄断竞争。

---

① 当然，农产品市场上还有两类经认证的农产品，即绿色食品和有机食品中的初级食用农产品。为分析问题方便起见，笔者将这两类农产品忽略不计，这种忽略不计并不会对正文的分析结果产生实质性影响，尤其在一个局部(地区)市场上更是如此。

第三节　绿色农产品市场界定

之前的内容都分析了中国农产品市场结构的类型及绿色无公害农产品进入市场对农产品市场结构性质的短期影响和长期的变动轨迹。一个重要的现实问题是中国的绿色无公害农业近期能否快速增长并形成良好的发展态势。在市场经济条件下，发展绿色无公害农业所获得的收益高低无疑是最为关键的因素。根据市场结构理论，作为市场绩效重要考核指标之一的利润率决定于其所处市场的结构性质。从理论上讲，发展绿色无公害农业生产所获收益的高低应当决定于绿色无公害农产品市场结构的性质，但一个棘手的问题是，绿色无公害农产品市场是否存在，更具体一点，是否存在无公害×××（农产品，如猪肉、柑橘等）市场，其判断标准又是什么。下面将对此展开讨论。

一、市场的定义与划分标准

在许多场合我们都会使用市场这一名词，并赋予它不同的内涵。例如，农贸市场是指交易发生的场所，有着明确的空间和方位，是一种狭义的、有形的市场；市场调节、市场交易中使用的"市场"则是指一种抽象的机制，一个社会范围内买卖双方交换关系的总和，它主要用于一般均衡的分析，而不考虑特定产品或服务的供求关系。但上述市场的定义都不是产业组织学所要研究的范畴。

在产业组织学探讨的市场中，各个厂商总是针对相同的客户群，彼此之间为争夺和扩大订单展开激烈的竞争，而对于这一市场上的消费者来说，不同厂商的产品都能提供相同或类似的主观满足。从这一意义上说，伊利集团的液态奶满足消费者的饮用需要，而上汽集团的汽车则是满足消费者的代步需要，显然两者并不处于同一市场。但是，有很多产品我们无法准确地界定它们究竟满足了消费者哪一类偏好，譬如说伊利液态奶与蒙牛液态奶存在竞争关系，同处于一个市场，这是没有人否认的，但是伊利的液态奶与椰树牌椰奶（汁）是否也同处一个市场呢？这就会存在意见分歧。进一步考虑，伊利液态奶和百事可乐是否应划分在同一市场中？这就会产生更大的分歧。由此看来，市场应如何定义是产业组织理论首先触及的难题。

当然，市场定义也不能过宽，因为任何两个商品之间或多或少都会存在替代关系，哪怕只是潜在的、无穷小的替代比率。如果根据这种微弱的替代关系就把两种商品划归在同一市场中，那么，推而广之，似乎所有厂商彼此之间都存在竞争关系，即便是美国通用汽车公司这样销售额位居世界第一的巨型企业在这一市场上也将作为小规模厂商出现，相应地各国政府也就无须制定任何反垄断政策。这种市场的定义显然过于宽泛。

目前占主导地位的市场定义是指同一产品（服务）或相近替代品买卖关系的总和，判定依据是测度任何两种商品之间的需求交叉弹性，若弹性为正值，则两种商品为替代品；若弹性为负值，则两种商品构成互补关系。当任意两种商品的交叉弹性为较大的正值时，说明一种商品的价格变动会对另一种商品的需求产生较为显著的影响，由此判断这两种商品同属一个市场，但在实际操作中什么样的交叉弹性才为较大，仍缺乏明确的标准。经验上较为一致的看法是，先从给定的商品开始，然后考察该商品的替代品，再考察这些替代品的替代品，依此类推，直到发现替代链中有明显的差别，这种替代性的明显变动就成为区分商品是否同属一个市场的界限。而美国的横向兼并指南则提供了更为细致的方法：当某一商品的价格上涨5%时，如果消费者会部分转向其他替代商品，则这些替代商品就被视为与该商品处于同一市场。

二、绿色无公害农产品市场的界定标准[①]

关于市场的界定的确是个难题，即便是上文提及的两个标准也缺乏可操作性，例如，当商品价格上涨5%，如果消费者会部分转向其他替代商品，则这些替代商品就被视为与该商品处于同一市场。那么，该部分消费者的数量标准该如何确定，10%还是50%，或者其他？正如前文的分析结果，当常规农业发展演进为绿色无公害农业后，农产品市场就是绿色无公害农产品市场或各类绿色无公害农产品市场。由于中国的绿色无公害农产品认证工作始于2002年，现今的农产品市场上有两类农产品，即常规农产品和绿色无公害农产品，但后者占农产品总量的比重极低，因此是否存在绿色无公害农产品市场或无公害×××市场更难

---

① 该标准仅为判定短期内绿色无公害农产品市场是否存在而提出，可能不适用于中远期。

用前述的两个标准进行判定。① 基于本文研究目标之需,我们必须确定一个标准以判定(某类)短期内绿色无公害农产品市场是否存在,进而考察其所属的市场结构类型。

假定:农产品市场上仅有常规和无公害两类农产品,且同种常规农产品之间的替代程度极小以致可以忽略不计。这样,仅需考察绿色无公害农产品与同种常规农产品之间的替代关系就可以确定该种绿色无公害农产品市场是否存在。

标准:绿色无公害农产品比同种常规农产品的市场价格高出的幅度大于等于其生产成本增加幅度加上5%。公式表示为:

$$Pw \geqslant Pc + Pc \times [(Cw - Cc)/Cc + 5\%]$$

式中:Pw 代表某种绿色无公害农产品的市场价格;

Pc 代表同种常规农产品的市场价格;

Cw 代表该种绿色无公害农产品的生产成本;

Cc 代表同种常规农产品的生产成本。

当某种绿色无公害农产品的市场销售价格满足上述条件时,我们就说该种绿色无公害农产品市场是存在的;反之,即不存在该种绿色无公害农产品市场,该种绿色无公害农产品与同种常规农产品同处一个市场,即常规农产品市场。

第四节 绿色农产品市场结构优化

鉴于上文提到的我国绿色农产品市场的界定,除了目前这种在该市场结构下绿色无公害农产品在生产、交易、消费三个环节中存在的问题,有必要对未来绿色无公害农产品市场结构问题进行深入研究。本节研究的主要内容是:绿色无公害农产品市场结构优化的目标模式;政府干预绿色无公害农业发展的理论基础;通过政府优化绿色无公害农产品市场结构的对策建议。

---

① 事实上还有三类农产品:放心农产品、绿色食品和有机食品中的初级农产品,但各类占农产品总量的比重也是极低的。无论从食品的数量安全(Food Security)还是从质量安全(Food Safety)角度分析,绿色无公害农业都将是中国未来农业的发展主流,所以笔者将这三类农产品忽略不计,仅从常规农产品和绿色无公害农产品之间的替代关系(不考虑绿色无公害农产品与这三类农产品之间的替代关系)角度探讨绿色无公害农产品市场结构的性质问题,其分析结果应该也适用于这三类农产品中的任何一类。

第五章 绿色农业发展的科学理论

一、绿色无公害农产品市场结构优化的目标模式

(一)市场结构优化目标模式简评

自 20 世纪 80 年代末以来,国内经济学界对市场结构问题开始积极探索,其中关于未来我国市场结构目标模式问题,也产生了许多观点,归纳起来主要有三种。

第一种观点认为,中国市场结构的目标模式应是垄断竞争的市场结构。该种观点隐含了这样一种含义,即市场结构是一种单一的、静止的市场格局,而实际上我国产业众多,情况各异,且不同时间、不同条件下还会发生各种变化,因此,我国的市场结构尤其是未来的市场结构目标应是多元的、动态的市场格局。

第二种观点认为,中国市场结构的目标模式应是一种混合型结构。相比第一种观点,其合理之处就在于它考虑到了不同产业的特性及市场结构具有动态性,认为应构建一个包括寡头竞争、垄断竞争、自由竞争并存的市场结构格局。

第三种观点认为,中国市场结构的目标模式应是有效竞争的态势。它与前两种观点的不同之处就在于它从具体的市场结构之中超脱出来,利用更抽象的方法,将各个具体的市场结构所应具有的核心内涵和基本特征给予了提炼与综合,即有效竞争态势。从本质上讲,它与第二种观点并不相背,有效竞争可以被理解为中国市场结构目标模式的确定原则,而混合结构则可以被理解为,在不同时期、不同产业,在符合有效竞争原则的基础上,各种具体的市场结构类型组合而成的市场格局。

(二)有效竞争

1940 年,美国经济学家 J.M·克拉克针对完全竞争概念的非现实性提出有效竞争的观点。在克拉克看来,只要完全竞争的一个条件不具备,则合乎情理地会出现另外的条件也不具备的情形。这个问题后来演化为"次优"理论。

现实环境的复杂性,决定了竞争的多样性。克拉克认为,竞争的多样性来自产品的同质性或非同质性、生产者的数量及规模结构、价格制定方式、交易方式、市场信息传递特征和手段、生产者和消费者的地理分布、产出控制的时间特征、工厂或企业规模的差异导致的成本变动、短期产出波动引起的成本变动、生产能力的可伸缩性等 10 个因素。最后,克拉克得出的结论是:虽然极端的产品差异可能导致垄断的倾向,但存在产品适度差异、特别是具有紧密替代关系和较

多知识技术含量产品推动的竞争,可能是更为可行和有效率的。但克拉克并未对有效竞争的标准问题进行深入研究。

继有效竞争观点提出之后,经济学家对实现有效竞争标准进行了积极的探讨,其中,以梅森(E. S. Mason)和史蒂芬·索斯尼克(Stephen Sosnick)的有效竞争标准最为典型。

梅森将有效竞争的标准归纳为两大类:市场结构标准和市场效果标准。市场结构标准包括:①市场上存在相当多的卖者和买者;②新企业能够进入市场;③任何企业所占的市场份额都不足以控制市场;④企业之间不存在共谋行为。市场效果标准包括:①市场上存在着不断改进产品和生产工艺的压力;②当生产成本下降到一定程度时,价格能够自动向下调整,具有一定的弹性;③生产集中在不大不小的最有效率但不一定是成本最低的规模单位下进行;④生产能力和实际产量基本协调,不存在持续性的设备过剩;⑤不存在销售活动中的资源浪费现象。

继梅森之后,美国经济学家史蒂芬·索斯尼克评论了 1950 年代末以前的所有文献,并依据标准的结构—行为—绩效分析范式概括出有效竞争的标准。根据索斯尼克的概括,有效竞争的结构标准包括:①不存在企业进入和流动的人为限制;②存在对上市产品质量差异的价格敏感性;③交易者的数量符合规模经济的要求。行为标准包括:①厂商间不相互勾结;②厂商不使用排外的、掠夺性的或高压性手段;③在推销时不搞欺诈;④不存在有害的价格歧视;⑤竞争者对于其对手是否会追随其价格调整没有完全的信息。绩效标准包括:①利润水平刚好酬报创新、效率和投资;②产品质量和产量随消费者需求的变化而变化;③厂商竭力引入技术上更先进的产品和技术流程;④没有"过度"的销售开支;⑤每个厂商的生产过程是有效率的;⑥最好的满足消费者需求的卖者得到最多的报酬;⑦价格变化不会加剧经济周期的不稳定。

在一定意义上,上述两类有效竞争标准虽然可以作为政府制定产业组织政策的准则,但在实际操作中却难以把握。例如,"足够"指的是什么?涉及销售开支的"过度"意味着什么?"有害的"价格歧视又该如何衡量?等等。尽管有效竞争无论在理论上还是在操作上都有局限性,但它毕竟给出了制定和实施产业组织政策的出发点,因而有一定的现实意义。

(三)市场结构优化目标模式的参考标准

绿色无公害农产品市场结构的优化目标应该以有效竞争为基本原则。由此,该市场上有效竞争的标准确定成为关键。从梅森提出的有效竞争标准分析，其中的市场结构标准显然不适用于规模经济显著或具有自然垄断性质的产业领域，但适用于规模经济不显著或一般竞争性的产业领域。显然，梅森的有效竞争标准在绿色无公害农业领域具有较强的适应性。但是，梅森的标准至少忽视或淡化了三个问题，即参加中间交易环节的交易者对市场结构性质的影响（结构方面）、厂商的机会主义行为（行为方面）和利润水平（绩效方面）问题。由此，笔者以梅森的标准为基础，结合索斯尼克的标准，初步提出我国绿色无公害农产品市场有效竞争的标准，以供参考。

1. 市场结构标准

(1)市场上存在相当多的卖者和买者，任何卖者或买者的市场份额不足以控制市场。但参加中间交易环节的交易者数量、规模应符合规模生产的要求。

(2)不存在企业进入和流动的人为限制（尤其是退出限制）。

(3)市场上存在对产品差异的价格敏感性（品牌差异）。

2. 市场行为标准

(1)除了价格竞争，非价格竞争特别是追求产品的差异性成为市场竞争的主要手段。

(2)任何企业之间不存在共谋行为。

(3)在产品生产、销售过程中不搞欺诈（包括生产者、中间商）。

3. 市场效果标准

(1)利润水平刚好酬报创新、效率和投资（尤其是相对于常规农产品及品牌的创新报酬）。

(2)市场上存在着不断改进产品和生产技术的压力。

(3)每个厂商的生产过程是有效率的，不存在持续性的生产能力过剩现象。

(4)能避免销售中的资源浪费。

从上述绿色无公害农产品市场有效竞争的标准内容看，较为理想的绿色无公害农产品市场结构比较符合垄断竞争的结构类型。但有三点需要加以说明：一是参加中间交易环节的交易者数量、规模应该适度，这样，既能避免中间商对绿色无公害农产品生产厂商和消费者形成较强的市场（垄断）力量，又能避免中间商因过度竞争而引发机会主义行为；二是该市场上的垄断成分应主要来自绿色无公害农产品生产厂商的品牌差异，为此，该市场上的信息分布应比较对称；三是绿色无公害农产品生产厂商的利润中应有一部分创新酬报。厂商的创新主要体现在产品创新、品牌和信誉的创立等方面。

前文对中国农产品市场结构的演进分析也表明：当常规农业发展演进为绿色无公害农业后，绿色无公害农产品市场结构将表现为典型的垄断竞争类型，即绿色无公害农产品进入市场后，中国农产品市场结构的演进轨迹应该是逐步由近似亚完全竞争演变为垄断竞争。但是，如果绿色无公害农产品生产厂商不能获得满意的市场绩效，这一演变进程将会非常缓慢甚至失败。因此，通过政府干预来加速推进（无公害）农产品市场结构的演变过程具有重要的现实意义。

二、政府干预绿色无公害农业的理论解释

（一）市场结构理论

对市场结构的理论分析显示出这样一个事实：在不同国家的同一产业（行业）中，S、C、P三者之间的关系可能不同（有的是单向因果关系，有的则是双向互动关系）；在一国不同的产业（行业）中，S、C、P三者之间的关系也可能不同；在任何国家的农业产业中，其内部多数行业的S、C、P之间的关系表现为单向因果关系。由此，多数农产品生产厂商（包括绿色无公害农产品生产厂商）几乎不可能通过自己的市场行为来改变市场结构的性质。而市场结构是外生变量，由市场供给和需求方面的基础条件决定，所以，只有借助第三方力量——政府来优化农产品市场结构。

对绿色无公害农产品市场结构的实证分析表明：在绿色无公害农业发展初期，由于近似亚完全竞争特征或脆弱的较高程度的垄断特征，一方面会因为部分门类的绿色无公害农产品生产的市场绩效低下而制约绿色无公害农业的持续发展，另一方面也会因为部分门类绿色无公害农产品市场较高程度的垄断虽然带来较高利润（较好的市场绩效表现），但较低的无公害生产规模利用程度（较差的市场绩效）同样限制了绿色无公害农业的快速发展。考虑到此种垄断的脆弱性，可以设想，一旦这类厂商的绿色无公害农产品生产规模利用程度提高及新厂商加入，而绿色无公害农产品消费又不能有效扩张，该行业所获收益就会大幅下降。由于这两类市场结构的性质对绿色无公害农业增长的负面作用都非常突出，加之参加交易的中间商对市场结构性质也具有举足轻重的影响，因此就有必要通过政府干预，从生产、消费和交易三方面对对现存的绿色无公害农产品市场结构加以调整、优化。

第五章 绿色农业发展的科学理论

（二）福利经济学和生态经济学

英国剑桥学派的主要代表人物皮古（A. C. Pigou）在其1920年出版的《福利经济学》一书中提出，检验社会经济福利的标准有两个：国民收入的大小和国民收入的分配状况，即生产资源最适度配置的"效率"标准和国民收入的分配趋向平均的"公平"标准。为了把一种经济行为对私人和社会可能产生的不同影响区别开来，皮古提出了"边际私人纯产品（值）"和"边际社会纯产品（值）"两个概念，并进而指出：通过国家干预，主要是采取课税的办法来抑制边际私人纯产值超过边际社会纯产值的投资，用补贴的办法来促进边际社会纯产值大于边际私人纯产值的投资，将可使既定的生产资源提供更多的社会经济福利。

生态经济学指出：农业是地球上最大、最完整的生态经济系统，其生产和再生产是最完全的生态经济再生产，它一方面提供有机物产品——农产品，另一方面提供生态产品（清洁的空气、优美的环境等）供人类消费。

当然，正如前文在"近似亚完全竞争的农产品市场"中所做的分析，随着现代农业（石油农业）的发展，农业生产对农业环境的污染问题日趋严峻，即现代农业本身对环境产生的是负效应。但无论如何，我们不能否认农业所具有的潜在生态价值。虽然目前还没有足够的证据表明绿色无公害农业对环境产生的一定是绝对的正效应，但有一点可以肯定：与常规农业相比，绿色无公害农业对环境产生的一定是相对的正效应。由于人们对生态产品的需求，都是免费获得满足的，因此，绿色无公害农业的潜在（可能也是现实）边际社会纯产值高于其边际私人纯产值，这在一国的工业化实现及由此导致环境日趋恶化的过程中尤其如此。从这一角度讲，国家应通过采取补贴等干预措施鼓励绿色无公害农业的发展。林毅夫教授认为，中国目前还不适合对农业实施补贴政策。主要因为：①根据WTO的"黄箱"政策，我国目前的财政收入无法支持对农业的庞大补贴；②对农业进行补贴会导致农产品过剩，其结果要么是产品烂在国内，要么低价出口到国外进而引致一系列贸易摩擦；③一旦对农业开始进行补贴，就很难取消，因为取消补贴往往会引发政治问题；④对农产品进行补贴，在执行上非常困难。对此，张德元教授提出了相反的观点。事实上，林毅夫教授并没有从根本上否定对农业应该进行补贴的命题，只是认为受国家财政收入所限、执行中存在困难等，不宜现在进行全面补贴。张德元教授也指出，对农业的补贴并非"普惠式"，而是有选择的补贴，这与笔者的观点相同。那么，对绿色无公害农业进行补贴（属于有选择而非全面补贴）应该与林毅夫教授的观点不矛盾。

根据皮古的检验社会经济福利的"公平"标准,补贴等支持措施将使农民获得更多的收入,国民收入的分配将更趋向平均,进而会增加社会福利。若以皮古的"效率"标准来衡量,补贴等支持措施到底是降低还是提高一国福利水平呢?笔者认为:如果仅把实物和服务产品的价值作为衡量国民收入大小的尺度,无疑,支持(无公害)农业导致错误的资源配置将使国民收入减少,降低社会福利水平。但若把环境的优劣等生态因素考虑进去,则很难计量支持(无公害)农业是增加还是减少国民收入及其幅度,这主要是因为生态产品的价值难以量化,加之一国在不同的经济发展阶段,同量生态产品的价值因其供需状况的不同而不同。但我们可以作出下述论断:生态环境越恶化,生态产品的供需矛盾越尖锐(需求大于供给),生态产品的效用和价值越大,其对国民收入的贡献就越大。环境恶化到一定程度,生态产品提供的价值量将弥补甚至超过因上述所谓错误资源配置导致实物和服务性国民收入减少的价值量。它表明,在经济发展的一定阶段,对提供生态产品的(无公害)农业的支持政策将维持甚至增加国民收入(包含生态产品的价值),并提高社会福利水平。由此,对正致力于实现工业化且面临比较严重的环境问题的中国而言,对(无公害)农业实施支持政策势在必行。

(三)政府经济学

1. 信息不对称与政府干预

传统经济学反对政府对经济的干预,但这是建立在信息完全的假设基础上的。作为西方现代主流经济学重要组成部分的政府经济学认为:由于人们知识的有限性、信息搜寻成本的存在和高昂以及信息垄断者的障碍使得在经济中无法避免信息不对称的存在,而信息不对称会导致劣货驱逐良货、某些类型的市场不存在或萎缩、生产的低效率、生产劣货的竞争、某些种类的产品供应不足、需求缺口与供给过剩并存、不公平交易和不公平竞争以及生产者和消费者行为扭曲等一系列具体的经济后果,即会导致经济资源的配置的低效率。

在市场经济中,市场本身具有解决信息不对称问题的能力,但这种能力存在着局限性,这种局限性的存在表明并不能只依靠市场本身或内部的自发的力量来解决信息不对称问题,还必须依靠市场以外的力量。但是,是否就一定需要政府来解决信息不对称问题呢?回答这个问题之前还必须说明市场与政府以外的力量——第三种力量的作用。第三种力量包括行业协会以及其他多种民间组织与民间的公共协议等。虽然第三种力量对解决信息不对称问题有着积极的作用,但其作用是极其有限的,因为该种力量既不具有强制力,也不具有权威性,它起作用所依靠的主要是约束对象的自律,如果约束对象不自律,第三种力量便无能为力,经济现实也充分反映出了第三种力量作用的根本局限性。

由于政府具有促进经济发展、维护社会安定、促进公平交易和公平竞争、促进经济效率提高的责任,不解决信息不对称问题,政府就很难履行好这些职责,加之政府具有市场力量和第三种力量所不具有的公共权力,拥有它们所不具有的权威性和强制力,因此政府就有必要进行干预,尽其所能解决信息不对称问题。

2. 绿色无公害农产品市场上的信息不对称类型及其产生根源

由于绿色无公害农业在我国正处于逐渐发展过程中,尤其是对绿色无公害农产品的认证工作还在逐渐完善中,因此,在绿色无公害农产品市场上,信息不对称问题比较突出,主要源于以下四方面。

第一,绿色无公害农产品的生产经营者与消费者之间的信息不对称。对生产商向市场提供的绿色无公害农产品,多数消费者并不清楚其真实的安全水平。这主要是因为产品的质量安全品质具有"信任品"特性,根据王秀清等对我国食品市场上的质量信号问题的研究,可以推知绿色无公害农产品的质量安全品质具有"信任品"特性,消费者既难以在消费之前从外观辨识出来,也难以在消费之后感知出来。绿色无公害农产品品质的这种特性决定了在生产者和消费者之间存在质量安全信息的不对称①。

第二,生产经营者与管理者之间的信息不对称。生产商在申报绿色无公害农产品认证证书时,一般能够较好地执行相应绿色无公害农产品的各类标准②,但获得证书后,在牟利动机的驱使下或在消费者认知程度不高的压力下,生产商往往会按"折扣标准"生产以降低成本,从而造成产品的质量安全品质下降,消费者难以发觉,而政府对绿色无公害农产品不可能再实施完全监管,这种状况决定了在绿色无公害农产品生产经营者与管理者之间存在质量安全信息的不对称。

第三,下级管理者(代理人)与上级管理者(委托人)之间存在信息不对称。下级管理者的管理行为难以被监控,在缺乏激励约束机制的情况下,下级管理者往

---

① 在市场经济条件下,消费者对安全农产品质量安全信息的获得本应由相关生产单位负责传递,但鉴于农产品(包括安全农产品)生产比较收益低下,需要支付信息处理成本的安全农产品信息传递又具有一定的外部性,加之我国安全农产品的认证、颁证工作属政府行为,故笔者认为:因向消费者传递安全农产品信息不力导致的信息不对称既属正文中的第一种类型也属第四种类型,但更偏重于后者。

② 即使生产单位在申报绿色无公害农产品认证时,在质量安全标准的执行方面,生产者依然有漏可钻。如对绿色无公害农产品质量安全水平的检测,采取生产单位送样检测的办法,被授权的检测部门仅对来样负责。

往会因为生产经营者的寻租行为或地方利益导致管理上的失职。

第四，政府与消费者之间的信息不对称。政府不能将绿色无公害农产品的相关信息迅速、有效地传递给消费者，致使消费者缺乏做出理性选择的信息。

在目前的绿色无公害农产品市场上，此类信息不对称表现得最为突出，对绿色无公害农产品市场产生的危害也是最大的。其产生的主要原因如下所述。

第一，政府对三类安全农产品的管理存在部门分割、权责交叉问题。目前，我国的绿色无公害农产品归口农业农村部下设的农产品质量安全中心主管、省级农业主管部门分管，绿色食品由农业农村部下设的国家绿色食品发展中心主管，有机食品由生态环境部下设的有机食品发展中心主管。经过20多年的发展，不论从产品标识还是从产品的检验、认证机构讲，我国绿色食品和有机食品市场运行已比较规范，但AA级绿色食品和有机食品几乎完全相同的生产标准使得两家主管部门在认证上存在的竞争让消费者难以了解两者之间的真实关系，笼统地说有机食品的质量安全水平高于绿色食品的水平对绿色食品是不公平的[①]。在部分省市开展的省级甚至地市级绿色农产品认定活动，客观上也加剧了绿色农产品市场的信息不对称程度。政府尤其是各地方政府大多是利用互联网通过主管部门开设的农业或绿色食品等专业网站向外传递安全农产品信息，多数消费者难以及时、有效地获知此类信息。由于政府管理存在部门分割、权责交叉等问题，各管理部门负责自己的信息传递，消费者很难全面了解绿色无公害农产品相关信息及与绿色食品、有机食品的相互关系。这种状况决定了在政府与消费者之间存在质量安全信息的不对称。

第二，各级政府对发展放心农产品与绿色无公害农产品生产的认识存在偏差。由政府推动的"放心工程"在一定程度上提高了食用农产品的质量安全水平，但往往出于政绩的考虑，地方政府对于绿色无公害农产品尤其是绿色无公害农产品的相关信息传递缺乏激励措施，甚至存在有意识的负强化行为，导致其在信息传递方面发挥的作用非常有限，使得普通消费者很难清楚"放心农产品"与近两年才发展起来的"绿色无公害农产品"的区别，更不知道哪一种农产品的质量安全水平更高。政府尤其是地方政府关注"放心农产品"、冷落"绿色无公害农产品"的状

---

① 中国绿色食品发展中心于2002年8月开始筹建中绿华夏有机食品认证中心，并于2003年4月下旬正式开展有机食品认证工作。该中心也负责绿色食品AA级产品向有机食品转换的工作，应当讲，绿色AA级转换为有机是一个可喜的现象。另外，亦有一些国外有机食品认证机构在我国开展有机食品的认证工作，如德国BCS有机保证有限公司。

况无疑将加剧此类信息不对称程度,大大延长消费者认知、接纳"绿色无公害农产品"的时间。

第三,绿色无公害农产品的认证、颁证机构偏多,相应的标志不一。我国的绿色无公害农产品认证机构包括:农业农村部下属的农产品质量安全中心、省级各质量技术监督局和省级各农业行政主管部门(认证地方绿色无公害农产品)。其中,省级各农业行政主管部门的绿色无公害农产品认证职能已于2003年底划归农产品质量安全中心,且该中心已选定江苏、浙江、湖北、福建四省从2003年4月中旬开始了地方绿色无公害农产品及相应的地方标志向国家级绿色无公害农产品及全国统一标志转换的试点工作,省级各农业行政主管部门确定的绿色无公害农产品省级承办机构仅负责本地区绿色无公害农产品产地认定和产品认证的组织申报、审核推荐及产品认证的初审工作。

除了上述三种类型的信息不对称外,随着各地普遍实施农产品市场准入制度,还可能出现一种新的信息不对称类型,即以进入壁垒为表现形式的本地生产者与异地地方政府之间的信息不对称,这将首先突出地表现在绿色无公害农产品市场上。由于各地的市场准入标准会因经济发展水平的不同而高低不同,在一地获得认证的绿色无公害农产品生产单位可能因不了解异地的准入标准而难以进入异地市场。这就决定了在本地生产者与异地地方政府之间存在信息不对称。

三、对策建议

根据前文提出的绿色无公害农产品市场结构的有效竞争标准的内容,通过政府干预优化绿色无公害农产品市场结构,进而促进我国绿色无公害农业持续、健康的发展主要应从绿色无公害农产品的生产、消费和交易三方面入手,具体的对策建议如下。

(一)着力培育绿色无公害农产品生产商,以使绿色无公害农产品市场上的生产商数量达到有效竞争态势的要求

(1)整合现有绿色无公害农产品认证机构的认证职能,加快推进绿色无公害农产品认证进程。目前,我国各省级质量技术监督局依然拥有绿色无公害农产品的认证、颁证职能,且两家认证机构(农业农村部农产品质量安全中心和各省级质量技术监督局)对经自己认定的产品均使用"绿色无公害农产品"一词,但两家机构在认证依据的标准、认证程序及推荐使用的全国统一标志方面又存在一定的

差异，因此，整合现有绿色无公害农产品认证机构的认证职能，将绿色无公害农产品在全国范围内统一市场形象并进一步形成品牌效应有着重要的现实意义。

从农业农村部农产品质量安全中心近几年的绿色无公害农产品认证的实际状况分析，绿色无公害农产品认证结果具有以下特点：①新认证的单位、产品少，转换认证的单位、产品多；②动物类产品少，植物类产品多；③满三年有效期的绿色无公害农产品的重新申报审批工作尚未开始。为加快推进绿色无公害农产品认证进程，笔者建议：①废止国家质量监督检验检疫总局办公厅发布的《无公害农产品标志管理规定》，将各省级质量技术监督局的绿色无公害农产品认证职能划归至农业农村部农产品质量安全中心，并尽快做好各省级质量技术监督局已认证产品及已使用标志的转换工作；②加大工作力度，尽早完成地方认证向全国统一认证转换的工作；③鼓励植物类农产品生产单位利用同一块绿色无公害农产品生产基地申报可错季生产的两种或两种以上产品的"绿色无公害农产品"称号；④重点加强对动物类产品的认证工作；⑤将绿色无公害农产品证书已满三年有效期需要重新审批的权力下放到省级农业行政主管部门或其确定的省级承办机构，复审合格后报农业农村部农产品质量安全中心备案；⑥对绿色无公害农产品证书到期又重新申报的生产单位及其产品，尽可能简化申报程序，适当减少对产地环境和产品质量安全品质等的检验内容；⑦建立健全绿色无公害农产品质量安全标准体系，以使更多的农产品品种生产商在进行无公害化生产时，能够有标准可依。

(2)依托农业产业化组织，促进常规农产品生产向绿色无公害农产品生产转换。对绿色无公害农产品生产的绩效分析表明，由于较高的生产成本和对生产技术的较高要求，小规模经营的单个农户几乎不可能自行发展绿色无公害农产品生产，也就是说，绿色无公害农产品生产和农业规模经营被紧密地联系到了一起，发展绿色无公害农业必须走规模经营之路。

农业规模经营有两层含义：一是内部规模经营，即农户家庭内部的规模经营；二是外部规模经营，即由生产者联合或合作形成的规模经营，可以理解为农业的产业化经营。由于目前我国存在着庞大的农村人口和十分富余的农业劳动力，且我国的农地流转尚缺乏制度化社会保障以及农地产权制度存在缺陷等，农业的内部规模经营将经历一个漫长的过程。由此来看，依靠内部规模经营促进绿色无公害农业发展的进程将非常缓慢。相比之下，虽然推进农业的外部规模经营即农业的产业化经营也存在诸多障碍，但是通过农业产业化经营促进绿色无公害农业发展要快得多，也容易得多。因此，我国绿色无公害农业增长的快慢在很大程度上取决于农业产业化经营发展进程的快慢。笔者建议：①采取各类优惠政策措施，大力推进农业产业化进程，尤其着力合作制形式的农业产业化经营组织的培育和规范发展；②鼓励现有农业产业化组织从常规农产品生产向绿色无公害农产品生产转换，尤其注重对"商品契约"型产业化组织的生产转换工作。

(3)建立绿色无公害农产品生产补贴制度。在绿色无公害农业发展初期，由于多种原因，多数绿色无公害农产品生产商难以获得较好的经济效益。这不仅会直接动摇现有绿色无公害农产品生产商继续发展绿色无公害农产品生产的信心，也会加剧在绿色无公害农产品生产环节发生道德风险行为的可能性，从而影响常规农产品生产商进入绿色无公害农业领域的积极性。因此，短期内，政府对绿色无公害农产品生产建立一种补贴制度是非常必要的。由于国内目前的绿色无公害农产品生产商的数量毕竟有限，这种补贴制度短期内也是可行的。当然，这种补贴制度是否有必要或是否能够长期存在下去，尚有待进一步研究。

短期内，对绿色无公害农产品生产建立补贴制度可以采取有选择的补贴办法，即对与消费者日常消费关系密切、质量安全问题较为严重的初级农产品进行补贴。从目前来看，蔬菜类和猪肉的无公害生产应当是重点补贴对象，补贴实施办法可参照目前的粮食补贴办法加以制定和实施。

此外，还应充分发挥政府现有的农业技术服务力量，联合农业科研院所及农业生产单位，加快绿色无公害农产品生产技术的研究、示范和推广工作。

(二)重点培育绿色无公害农产品交易商，探索建立适合不同地区、不同种类绿色无公害农产品的交易模式

(1)建立绿色无公害农产品交易商认证制度，提高交易商的交易资产专用程度。前文的分析表明，如果下游交易商的交易资产专用程度很低，或其交易资产仅属通用性资产，则下游交易商的机会主义行为几乎不可能避免。因此，在绿色无公害农产品交易中，应努力使交易双方的交易资产专用程度大体对称。而对绿色无公害农产品交易商实施较为严格的认证制度可以较好地起到提高其交易资产专用程度的作用。由于绿色无公害农产品生产商及大型零售商(如超市)的交易资产专用程度本身就较高，因此可以考虑这两类交易主体无须认证便可自动获得绿色无公害农产品交易资格。

(2)利用各类市场(交易)主体，开展绿色无公害农产品交易。前文的分析结果表明，在绿色无公害农业发展初期，直接交易和远期合约交易方式比较适合绿

色无公害农产品交易。由于直接面对最终消费者，绿色无公害农产品交易主体中的零售商在差别市场形成过程中至关重要，因此，依照不同绿色无公害农产品的交易特性及地区间经济发展水平的差异状况，绿色无公害农产品从生产商到零售商的交易模式应有所区别。具体来说，可分为以下几类。

第一，对于动物类绿色无公害农产品，生产商可在生产地的传统农贸市场直接建立绿色无公害农产品销售专柜，也可利用超市、连锁商店等新兴农产品零售组织，采用直销方式将产品销售给最终消费者。

第二，对于需经初加工才能食用的植物类绿色无公害农产品，如大米、面粉、茶叶等，由于这类产品不易被零售商仿冒，因此生产商可利用传统零售组织（如粮油、茶叶经销商店等）和新兴农产品零售组织，采用直销方式将产品销售给最终消费者。

第三，对于不需加工或仅需消费者自己加工即可食用的植物类绿色无公害农产品，如水果、蔬菜等，生产商与供应商（如无公害果蔬配送中心）、供应商与零售商则需采用远期合约方式建立契约交易关系。由于目前国内果蔬类绿色无公害农产品的交易发生频率普遍偏低，而绿色无公害农产品零售商却要求较高的交易发生频率，因此，可以考虑在"无公害食品行动计划"的四个试点城市及部分经济较为发达的省会城市，加快绿色无公害农产品专卖店的建设工作，供应商则上与各地绿色无公害农产品生产商、下与本地绿色无公害农产品零售商（绿色无公害农产品专卖店）建立长期的契约交易关系，从而保证果蔬类绿色无公害农产品有较高的交易发生频率。而在中小城市，则应以新兴的农产品零售组织（超市、连锁商店等）为依托，将部分无公害果蔬产品在当地销售。此外，生产商应主动与无公害专卖店发展较好的试点地区的绿色无公害农产品配送中心建立长期契约交易关系，以实现规模销售。

由于绿色无公害农产品属于日常消费品（便利品）范畴，从市场营销学的角度看，消费者购买这类消费品，对便利的要求很高，即希望能在他们认为方便的时间、方便的地点，以最方便的方式购买。目前，传统农贸市场依然是国内消费者购买食用农产品的重要渠道。因此，积极探索利用传统农贸市场开展绿色无公害农产品交易有重要意义。但是，如何利用农贸市场中的个体摊贩这一交易主体开展绿色无公害农产品（主要是果蔬类农产品）交易，尚有待进一步研究。

（3）鼓励果蔬类绿色无公害农产品生产商通过联合建立绿色无公害农产品销售组织。由于生产的季节性，单独一家某果蔬类绿色无公害农产品生产商与其下游交易商的交易发生频率必然较低。但是，在一个局部地区，若一些水果类或蔬菜类绿色无公害农产品生产商通过某种形式联合起来，建立绿色无公害农产品销售组织，以自己的产品为基础，辅之以外地的果蔬类绿色无公害农产品，则可以大大提高这两类绿色无公害农产品的交易发生频率。由此，该组织既可以通过利用自建绿色无公害农产品专卖店，也可以通过利用零售环节的其他绿色无公害农产品交易主体将产品销售给最终消费者。为此，各地方政府可以通过各类优惠政策，鼓励此类绿色无公害农产品销售组织的建立。

（三）加强政府的宣传和引导，努力扩大绿色无公害农产品的消费需求

(1)利用各种媒体加强绿色无公害农产品相关信息的宣传工作。虽然网络在传播信息方面具有其他媒体无可比拟的优势，但是其受众往往素质较高，波及面有限，因此，对于关系到全体消费者切身利益的农产品质量安全信息，政府尤其是地方政府应在利用网络的同时，更加注重受众更为广泛的电视，可采用公益广告、专题节目的形式让普通消费者更容易接触到相关信息。在信息传递过程中，重点加强对全国统一的绿色无公害农产品标志的宣传。

(2)规范各类认证农产品名称的使用，避免信息错觉。每一种安全农产品的名称都有特定的内涵，各自代表不同的质量安全水平，规范使用名称，不仅便于消费者辨识农产品的质量安全信息，而且有利于为生产经营者创造公平的竞争环境。建议首先从政府做起，勿将"放心"与"无公害"混用；各地方政府在认定省级安全农产品时，应避免使用含有"无公害""绿色"和"有机"的名称。此外，政府应出台相应的法律法规，明确规定未经相应认证机构认证的产品不得使用上述认证农产品的名称、标志等。

(3)加强食源性疾病危害的宣传，引导消费者形成健康的农产品消费观念。产品之间是否存在差异取决于消费者的主观性立场，即产品之间存在差异是由于消费者认为它们不同。反过来说，即使产品的自然属性存在差异，但只要消费者认为它们完全相同，这些产品就是同质的、无差别的。因此，消费者是否认可绿色无公害农产品与常规农产品之间存在差异及这种差异程度的高低对绿色无公害农产品消费需求的扩大至关重要。消费者是否认可这两类产品之间存在的差异及认可程度的高低，在很大程度上取决于消费者对食用农产品的质量安全品质的重视程度。为此，除了应做好绿色无公害农产品相关信息的传递工作外，政府的相应职能部门还应加强食源性疾病危害尤其是不安全食品对人体可能造成的各种潜在危害的宣传工作，以提高消费者对农产品质量安全品质的重视程度，引导消费者逐渐形成健康的农产品消费观念。

(4)利用政府的行政力量,在部分集团消费市场实施绿色无公害农产品市场准入制度。对农产品实施无公害市场准入制度,虽然可以起到迅速扩大绿色无公害农产品消费的作用,但是,大量未经认证的常规农产品的存在,使得短期内对国内农产品市场实施无公害市场准入制度是不现实的。考虑到国内绿色无公害农产品生产尚未普及的现状,政府可以考虑在经济较发达的地区,选择部分集团消费市场开展部分种类的绿色无公害农产品市场准入制度的试点工作。例如,可以选择在中小学校、幼儿园,对高交易发生频率的农产品(米、肉等)实施绿色无公害农产品市场准入制度。

(四)加强监管,防范绿色无公害农产品生产商、交易商的道德风险行为,提高消费者对绿色无公害农产品的信任度

为创立并维护绿色无公害农产品的市场声誉,防止生产商、交易商发生道德风险行为,政府有关部门应在认证机构不定期对产地环境、产品的质量安全情况进行抽检的基础上,重点对绿色无公害农产品的质量安全指标进行抽检,通过严格的奖惩措施,加大经营者的违规成本,提高消费者对绿色无公害农产品的信任度。

(五)规范媒体报道行为,防止市场陷入逆向选择困境

在绿色无公害农业发展初期,消费者对绿色无公害农产品存在一个认识—信任—购买的过程。在这一过程中,在消费者心中对绿色无公害农产品形成的信任度是非常脆弱的。如果媒体尤其是受众广泛的媒体过于注重有关绿色无公害农产品生产、交易方面的负面报道,很容易使市场陷入逆向选择的困境,而受到损害的则是全体绿色无公害农产品生产商及绿色无公害农产品这一总体品牌。因此,在绿色无公害农业发展初期,主流媒体应本着保护的思路,注重有关绿色无公害农产品生产、交易的正面信息宣传,以不断提高消费者对绿色无公害农产品这一总体品牌的信任度。

第六章
绿色农业市场经济的可持续发展

第一节　绿色农业市场经济价值
第二节　绿色农业市场化发展战略
第三节　人口、资源、环境与绿色农业市场可持续发展
第四节　绿色农业市场经济可持续发展的制度创新
第五节　绿色农业市场经济可持续发展的保障措施

随着全球经济的逐渐发展,人们对于环保、可持续性的要求也越来越高。绿色农业正是在这样的背景下迅速崛起的产业。作为一种环保、可持续的产业,绿色农业受到越来越多人的关注,并逐渐成为了可持续经济发展的重要部分。因此本章首先分析了绿色农业市场的经济价值和市场化的发展战略,又从人口、资源、环境与绿色农业市场可持续发展、绿色农业市场经济可持续发展的制度创新、绿色农业市场经济可持续发展的保障措施三个方面进一步探究绿色农业市场的可持续发展举措。

第一节 绿色农业市场经济价值

绿色农业市场经济价值是绿色农业主体在进行市场活动中所产生的各种价值的总称。在绿色农业资源的约束下产生最大的经济价值,是绿色农业市场经济价值的本质要求。绿色农业市场经济价值需要通过科技力量的巨大作用使绿色农产品极大地占有市场,成为经济生活中的主导部分。通过政策扶持、技术指导,引导农民从传统的种植模式中逐步摆脱出来,如通过创品牌、培训、引导群众按照标准化操作章程进行绿色农业生产,以提高绿色农产品的市场信誉与知名度;通过签订单,对照合同种田,以市场为导向,引导与绿色农业有紧密联系的工业企业和农户签订绿色农产品种养收购合同,以提升绿色农业的市场经济价值。

一、绿色农业市场的经济价值的构成

根据绿色农产品再生产的各个环节,绿色农业市场经济价值可以分为绿色农业生产开发价值、绿色农业市场营销价值、绿色农产品消费价值和绿色农业管理服务价值等四部分。

(一)绿色农业生产开发价值

这一价值在整个绿色农业市场经济价值中处于核心与关键地位,对绿色农业市场经济能否正常运行意义重大,它构成了绿色农业市场经济价值的主体,主要包括产前和产中两个环节。

1. 产前环节

(1)物质要素的供给价值。为绿色农业和工业提供专用的生产资料,包括绿色农业生产所需的种子、种苗、肥料、农药、鱼药、兽药、饲料及其添加剂、食品添加剂等。由于绿色农业产地环境及其产品均要达到一定的质量水平,就必须对各种生产资料提出比常规农产品更高的要求,特别是农药、化肥等的限制性使用,进而需要这些生产资料部门或企业通过积极的努力,不断创造出新的品种和类型,满足绿色农业生产企业的需要。

(2)科技要素的供给价值。主要包括生产资料使用技术,如化肥使用技术和农药施用技术,产品栽培养殖技术,加工技术,流通中的保藏、贮运与营销技术等。因此,产前环节乃是整个绿色农业市场经济价值的基础,影响绿色农产品生产水平与开发能力,因而绿色农业市场经济的发展总是离不开它的支撑,特别是在当前的起步阶段更是如此。

2. 产中环节

产中环节包括绿色农业和绿色加工业为社会提供绿色农产品、适应绿色农产品消费不断增长变化的需要。绿色农业通过直接与生态环境进行物质与能量的交换,生产出初级绿色农产品,或在简单的处理之后,直接通过适当的流通渠道进入市场实现自身价值,或为绿色农产品加工业提供原料供其加工使用。绿色农产品工业将对来自绿色农业原料的产品进行精深加工,从而形成各种加工产品,以此来更好地满足消费需要,实现加工增值。可见,它代表着绿色农产品的发展方向,由于实现了企业化运作,因此更能够体现绿色农业的价值,生产效率也更高。而且,绿色农业加工业是以绿色农业为基础的,前者又为后者提供导向和机会,所以二者紧密关联,通过"木桶效应"而影响绿色农业的总体供应能力,哪一环节出现质量漏洞,都会影响绿色农产品价值的实现和竞争水平,任一环节的生产水平偏低,都会直接牵制另一环节。产中环节是绿色农业价值形成的主要环节,其生产能力和产出规模反映了绿色农业市场经济的规模,因而是绿色农业市场经济发展中的关键一环,其他价值和要素都是围绕它并为其提供相应支持而运行的。

(二)绿色农业市场营销价值

绿色农业市场营销价值主要是指将绿色农产品顺利推向市场,使之进入消费者手中,并最终实现绿色农产品价值。营销环节包括绿色农产品定价策略、分销策略以及促销策略等;流通环节包括为保存绿色农产品(尤其是鲜活易腐类食品)使用价值的冷链流通、流通渠道的规划、网点布局与产销地市场建设等。其中,绿色农产品批发和零售是其两个基本环节。绿色农产品由于优质、无污染的特性、高附加值的特色等使其不适宜沿用常规农产品的流通渠道,必须着力构建专门的营销渠道和网络，并通过相关设施的配套建设实现冷链流通，以及采用现代化的营销手段，促进绿色农产品从生产者手中顺畅地到达消费者手中。

（三）绿色农产品消费价值

绿色农产品消费价值是指通过对消费者进行积极的引导，使其意识到绿色农产品与保证人类健康的关联性，消费绿色农产品能够保障人类食品的卫生安全，能够增强人体健康，以及绿色农产品在提高环境质量方面的非凡作用，从而促使更多的人群自觉消费绿色农产品，并以此进行拓展，直至促进全社会绿色消费观的形成。

（四）绿色农业管理服务价值

绿色农业管理服务主要包括绿色农业管理机构、技术监测机构以及社会团体三个组成部分。由于绿色农业市场经济发展贯穿了全程质量控制的全新管理理念与优化的环境管理方式，与普通产业的生产开发方式存在着本质区别，因此，为绿色农业生产经营主体提供相关支持管理服务的机构部门显得十分重要。

1. 绿色农业管理机构

包括中央一级的中国绿色农业发展中心和各省（区、市）绿色农业办公室，是绿色农业无形资产的管理者，其基本职能就是促进绿色农业无形资产的增值。其主要职能体现在两方面。①加强产业自律。通过绿色农业标准制定、质量认证和监督管理三个环节来实现。绿色农业标准的制定，主要是制定绿色农业技术标准和生产操作规程等，规范生产开发主体的行为；绿色农产品质量认证是对绿色农业企业生产环境及其产品进行资格评定，以保证最终产品质量符合标准；监督管理主要是对绿色农业标志使用和产品质量进行监督和规范化管理，以维护绿色农业的社会信誉和品牌形象。②促进产业发展。主要体现在综合服务功能的充分发挥上，包括规划指导、信息传递、国际交流和社会宣传等方面。

2. 绿色农业技术监测机构

主要职能是对绿色农产品产地环境和产品质量进行监测和检验，分别由指定的环境监测机构与农产品检测机构完成，并提供技术依据给绿色农业管理部门。这些机构主要是受绿色农业管理部门的委托，对申请绿色农业标志的企业进行依据绿色农业标准的监测工作，并得出检测结论，为管理部门提供直接的决策依据；是独立于管理部门之外的，不受后者意志的左右与驱使，具有第三方公正性的特点。

3. 社会团体

它是经批准成立的全国性和地方性的绿色农业团体组织。其主要职能是为弥补绿色农业管理机构功能缺陷而协助其发挥职能，组织企业进行自我服务、自我约束、自我协调和自我发展，加强企业与政府的联系，维护企业的合法权益等。它不同于绿色农业管理机构的显著特征是没有行政职能，如中国绿色食品协会与各省(区、市)协会组织，它们是绿色农业市场经济发展与产业成长的显著标志之一，必将在绿色农业市场经济进一步发展中发挥越来越重要的职能作用。

二、绿色农业市场经济价值的实现

(一)绿色农产品需求

由于受收入水平、消费意识等因素影响，我国居民的绿色消费观念淡薄，致使绿色农产品需求增长乏力，绿色农产品需求的形势并不乐观。

1. 收入水平因素

现阶段，大部分消费者的即期收入水平与发达国家相比仍然偏低，低收入人群与中等收入人群占绝大多数，高收入阶层所占比例较小。不仅如此，人们的预期收入稳定性缺失，预期开支大，决定了居民总体消费水平还处于温饱及小康阶段，可算得上消费能力很强的富裕家庭仅占城镇居民家庭总数的10%左右。对于绿色农产品来说，高出普通农产品20%以上的高价位特征决定了较高的消费能力是其消费的前提与基础，高收入是其消费的经济支撑。居民总体收入水平的低下，导致绿色农产品消费的积极性不高，使之仍然停留在贵族式消费和奢侈性消费的阶段，大众普及率不高。

2. 健康意识和生态意识因素

由于绿色农产品与一般农产品相比，其最基本的功效并无本质上的差别，因此消费者较高的健康意识和生态环保意识是实现绿色农产品消费的终极支撑。但在现实中，我国居民的这两种意识都不强，构成了绿色农产品消费偏少的思想根源。一方面，自古以来，居民饮食消费的不讲究、污染农产品的不易辨别性和食后影响的不显著性，造成目前居民身体健康受危害的可能性增大、严重性增强，但并没有因此使人们的健康意识增强，也没有因此使传统的农产品消费观念与习惯，转向绿色农产品等安全系数高的农产品的消费上。尽管绿色农产品将污染物控制在对人体不构成危害的限度内，有助于增进人体健康，但大多数居民对之持有怀疑、与己无关的消极态度，认知认可率不高，限制了绿色农产品消费。另一方面，在环境问题成为人们关注焦点的全球背景下，我国居民的环保意识日益增强，但并未意识到自身消费方式与环境的息息相关性，没能从"消费决定生产"的角度在自身探寻问题的根源，以纠正和调整自己的消费行为。农产品消费方面亦是如此。绿色农产品具有环境保护的正外部性效应，融入了保护环境、崇尚自然、促进社会经济可持续发展的理念，但人们缺乏从消费领域保护环境的自觉意识，由此也阻碍了绿色农产品的正常消费。可见，全民树立绿色农产品消费观念尚需时日。

3. 宣传推介力度因素

绿色农产品需求乏力的另一个重要原因在于宣传推介力度不够。认知是消费者产生购买行为的基础。只有消费者较全面地感知了某种产品消费确实能够极大化地满足其生理需要和社会需要时，才会产生积极的购买行为，并在消费过程中通过对该产品优良特性印象的不断强化，从而形成持续性的购买激励。而消费者认知度的提高，尤其是对新事物的认知，又在很大程度上依赖于宣传推介的力度。事实上，由于绿色农产品在宣传方面十分欠缺，导致居民对绿色农产品这一新事物认知度普遍较低，存在许多认识误区，因此未能形成稳定的绿色农产品消费信念，从根本上制约了绿色农产品消费。中国社会调查事务所就绿色消费观念、消费行为在北京等大中城市进行的专项调查结果显示，53.8%的被调查者表示愿意消费绿色农产品，38.7%的人食用过绿色农产品。这表明，人们并不排斥绿色农产品，只是由于宣传没有到位而限制了绿色农产品消费需求的增长。还有很多人认为，绿色农产品是绿颜色的农产品或纯天然的农产品或保健农产品，或者认为绿色无公害农产品、绿色食品、有机食品是不同地区的不同叫法，等等。在买方市场业已形成的今天，市场需求对生产起着导向作用，市场疲软使生产者不敢贸然增加产出，从而制约了绿色农业市场经济价值的实现。

（二）绿色农业市场供给动力

较高的经济效益是生产的动力。但与收效快、短期利益大、能迅速为企业带来利润的一般产品开发相比，绿色农产品生产的门槛高、成本大。生产者首先应向国家级的绿色农产品管理机构——中国绿色农产品发展中心申请认证，经审查合格后方可有权使用绿色农产品标志。其中，一种产品的平均认定费用为 50 000～60 000 元，之后由于要严格遵循绿色农产品生产操作规程，对化肥、农药等化学物质限量、限品种使用，特别是 AA 级绿色食品排除任何有害化学物质的投入，代之以对产品和产地环境不会带来污染的、价位高的有机肥、生物农药等绿色农产品生产资料，生产成本大大高于普通农产品。此外，由于国内市场需求不旺、国际市场拓展力度不够，造成绿色农产品优质不能优价，使得产业的投资报酬率低,对以利润最大化为追求目标的企业理性经济人的吸引力不大,发展绿色农产品的积极性不高,不愿投资绿色农产品。另外,涉足绿色农业的企业在实际中遇到了很多困难,市场拓展门路缺乏,资金不足,所需要的生产资料供应、技术咨询、市场开拓等服务难以获得,导致经济效益明显改善的企业所占比例不高,加之有些企业存在着"重申报、轻经营"的认识误区,进而缺乏进行生产规模扩大的内在动力。甚至,有些企业在从事绿色农业经营后经济效益出现下滑,故在产品"绿标"到期后不再续报而转向其他行业的现象就不足为奇了。正是由于绿色农产品生产开发对企业的利益激励不够,绿色农产品社会供给总量增长慢,绿色农业市场经济价值发展进程受到阻碍。

从多年发展实践来看,由于对产地环境的特殊要求,绿色农业企业大多处于辽阔的农村和边远地区,分布相当分散,企业之间进行经济联系与合作的难度大,因此产品跨地区、跨所有制、跨部门经营受到很大限制,产品供给不能形成规模,市场覆盖率和品牌影响力都具有相当的局限性,基本上处于"家家点火、户户冒烟"的地区分散分布的粗放增长阶段。

(三)绿色农业市场流通渠道

绿色农业市场经济作为一种特殊的商品经济,决定了其营销方式不同于传统的普通农业经济方式,必须采取专门的营销网络,且其市场流通效率的高低取决于现代专门化流通组织形式和营销方式。但目前,全国除北京、深圳、上海、天津等大城市建立了绿色农产品专卖店外,大部分地区尚未形成专业化的营销网络体系。大多数绿色农产品只能通过普通流通渠道进入市场,不能充分体现其与普通农产品的差异,影响绿色农产品价值的顺利实现,进而削弱生产开发者的积极性,且在各大城市的超市、商场,绿色农产品的上架率低,不能形成市场聚集效应,影响消费者的购买欲望,最终不利于绿色农产品的市场开拓,阻碍了绿色农产品的持续供给。可见,绿色农产品营销网络的缺乏与流通渠道的不通畅,影响了消费者购买的便利性,不利于绿色农产品消费的增长,同时挫伤了生产主体的生产经营积极性,造成绿色农产品的供需脱节,绿色农业市场流通渠道建设仍任重道远。

(四)绿色农业市场经济法规

从广义上讲,法规是指法律、条例、规则、政策等的总称。绿色农业市场经济的法规方面存在着政策扶持缺位和法律不完善等问题。目前,政府对绿色农业市场经济发展的配套扶持政策极度缺乏,是导致绿色农业市场经济发展缓慢的体制根源。政府对绿色农业市场经济发展重视不够，处于"只管不扶"的状况，尽管对其发展持鼓励提倡的积极态度，但仅限于口号而并没有落实到具体的扶持政策措施上。截至目前，政府尚没有相应的扶持绿色农业市场经济发展的优惠政策，即借助税收、利率等经济杠杆行使宏观调控职能，使绿色农业生产经营企业享受到应有的优惠，故不能起到引导绿色农业市场经济健康发展的作用，而为绿色农业开发、生产与销售营造良好的社会环境更是无从谈起。一些地方政府对于绿色农业的扶持，往往仅限于对申请"绿标"的企业进行费用补贴等较为狭小的扶持范围和单一的扶持手段，也未制定制度性、长期性和稳定性的区域产业政策，对绿色农业市场经济发展的扶持力度十分有限。

目前，绿色农业市场的管理基本处于"无法可依、监管不力、打击不严"的状态，即绿色农产品质量保证监管体系不健全是绿色农业市场经济发展缓慢的另一体制原因。不健全的质量保证和市场监管体系，使不法商贩有了假冒绿色农产品的可乘之机，真正的绿色农业企业也缺乏提高质量和加强管理的制度激励与约束，因此，整个绿色农业市场良莠不齐，在很大程度上影响了消费者的购买信心。无论是消费者权益还是绿色农产品生产厂商的利益都无法得到有效保障，极大制约了绿色农业市场经济的健康发展，作为绿色农业市场经济发展的一个重要支撑，绿色农业市场经济法规的建立健全则显得尤为重要。

（五）绿色农业技术创新

绿色农业市场经济发展过程的核心是传统的优秀农艺技术与现代高新技术的有机结合，表现在产前、产中和产后各环节绿色技术的投入与追加上。然而，目前我国绿色农产品生产技术体系尚不规范、不成熟、不配套，尽管我国传统农业积累了丰富的农业技术和管理经验，但高新技术十分缺乏，绝大部分的绿色农产品主要是依靠优良的自然条件取得的，技术含量偏低。绿色农业实用配套技术的缺乏，一方面影响了绿色农产品优良品质的保障，影响了绿色农产品市场竞争力，另一方面增加了绿色农产品生产主体的成本，影响其经营绩效，成为绿色农产品生产开发与市场营销推广中的重要屏障，严重制约了绿色农业市场经济的健康发展。绿色农业技术发展滞后，主要表现在包括绿色农产品生产栽培技术、病虫害综合防治技术、农药残留检验检测技术、绿色农产品深加工技术、储藏运输技术等在内的绿色农产品标准化技术体系的不成熟与不完善上。

造成绿色农业技术供给不足的主要原因在于技术创新主体缺位。由于绿色农业技术是符合生态规律和经济规律、具有外部正效应的新型技术，其主要内在特征为规定性更多、投入更多、风险更大，因此现行的制度不利于绿色技术创新。目前，绿色农业技术不能给市场经济主体带来更高的利润率，以及"搭便车"现象的难以规避性和绿色技术的不确定性、社会接受程度等诸多风险的客观存在，使微观经济主体在利益约束下难以投入大量的资金进行绿色技术创新。因此，政府成为绿色技术创新的期望主体。但是，由于政府技术投资的重点是具有广泛适用性的基础性研究，而非专门应用方向的技术创新；民众的利益与支持是衡量政府行为的尺码，为适应民众的短期化要求，在对技术创新的资助过程中，政府必然存在着对近期利益的偏好，加之绿色技术的不确定性因素多、短期利益难以保证，故在现行制度环境下，政府亦不能成为绿色农产品技术创新的主体。因此，解决绿色技术供给不足问题的落脚点是培育绿色技术创新主体，其唯一出路在于通过制度创新来创造更有利于开发绿色技术的制度环境。

第二节　绿色农业市场化发展战略

作为国民经济的基础产业，农业市场化在整个社会主义市场经济体制建设中具有重要作用，同时又有较大难度。当前，我国经济和社会发展步伐进一步加快，整个新旧体制转换正处在关键时期。研究绿色农业如何走向市场，如何推动绿色农产品市场的发展，对于顺利实现国民经济和社会发展目标以及正确处理好改革、稳定与发展的关系，具有十分重要的意义。

一、绿色农业市场化的内涵

从制度经济学的角度来看，市场化是指资源配置方式由政府分配向市场调节转化的过程。我国的市场化表现为两方面：一是随着经济体制改革的深入，原先由政府确定价格并负责分配的生产资料和各种商品，逐步改由市场来定价和分配；二是在经济发展的同时，本来属于自产自用、自给自足的生产要素及产品，相继转变为适应市场经济的商品。从我国国民经济体制向市场化转轨的角度理解，我国农业市场化实际上是向自由市场经济转化。从发展经济学的角度来看，我国农业市场化实际是指把生存性农业或生计性农业转变为商业化农业的过程。改革开放以前，我国的农业受国家计划的控制较强，发展基础较差，自然经济占很大成分。因此，我国农业市场化主要是由自然经济向市场经济转化的过程，是大多数农户或农场从为自己生产转变到为市场生产的过程，是农产品的自给自足份额不断减少、商品率不断提高的过程。在这个转变过程中，市场机制对农业的生产经营活动所发挥的作用持续增大，农产品的市场价格以及农业生产要素的价格成为农户生产经营决策的基本依据。①

绿色农业市场化是市场机制在绿色农业市场经济中对资源配置发挥的作用持续增大，绿色农业对市场机制依赖程度不断加深和增强，绿色农业市场经济发展市场机制逐步从产生、发展到成熟的演变过程。具体来说，绿色农业市场化是指在绿色农业发展过程中，以完善的生产要素市场为基础，以绿色农产品市场为导向，根据市场需求进行绿色农业生产经营活动，农户以获得市场利润为出发点的专业分工型绿色农业经营方式。绿色农业市场化要以市场为导向，建立和培育各类各级市场，进行绿色农产品生产和交换，改变以往的自给自足、自我封闭的状态，一切生产资料和消费资料都要由市场来解决。除此之外，绿色农业的市场化还要求绿色农业与外部市场保持紧密联系，通过寻找有效的营销途径和信息通道将绿色农产品售出，同时将市场信息快速、准确地反馈给绿色农业生产经营者。

从横向看，绿色农业市场化是经营要素发生改变的过程。绿色农业市场化也是一个由非市场化状态向市场化状态转变的过程，主要有农户行为改变、政府作用变化、制度变迁和经营方式的转变等四方面。其中，农户主体地位的权利、行为和观念的转变是最主要的，政府起政策诱导和制度维护作用，制度变迁和经营方式的转变则是市场化的最终目的。

从纵向看，绿色农业市场化是绿色农业与市场对接的过程。这里的对接是指绿色农业系统与外部市场积极靠近的过程，具体包括三部分：①绿色农业系统市场机制（包括绿色农业的资源配置方式、运作方式以及利益分配方式等）的不断完善、不断改进。②绿色农业系统与外部大市场对接路径的寻找。对接路径是物质、信息的传递渠道，包括由不对接状态向对接状态的转化以及对接社会成本不断降低等两个方面。③绿色农业跟随市场动态不断调节。绿色农业的产品要符合消费市场的质量和多样性要求，并且适当刺激市场需求，不断将市场的反馈信息应用于生产活动中；在质量保证、技术进步、营销手段和产品开发等方面动态跟踪市场，随时调节生产结构和生产方式以适应市场变化。

---

① 戴晓春. 我国农业市场化的特征分析[J]. 中国农村经济，2004(04)：58－62.

二、绿色农业市场化发展的制约因素

（一）绿色农业市场化发展现状

1. 农户成为绿色农业市场的重要主体

市场主体主要包括农业企业、家庭联产承包经营体制下的农户以及经营性事业单位。农村家庭联产承包责任制的实施，使农户获得了一系列基本经营权利：财产占有权和使用权，经营决策权，劳动支配权，经营成果享有和支配权等。农户拥有包括土地使用权在内的基本生产资料并可以在政策允许范围内自主选择经营项目，独立承担经济责任和社会义务，自负盈亏，自主确定收入使用的方式和范围，农户的市场主体地位基本确立。农民的竞争意识与行为在市场和物质利益的驱动下逐渐增强，广大农户的趋利行为随着社会主义市场经济不断发展而日趋增加。但是，农户作为市场主体还具有不完全性。农民虽然获得了独立生产经营的自主权，但非专业化生产依然是大多数农户的经营方式，非商品性生产还占农户生产相当大的比重，价格对农户生产的调节作用较小，说明农民并没有完全进入市场。

2. 绿色农产品价格基本实现了市场定价

从实证分析的数据来看，我国绿色农产品价格比较早地实现了市场定价，我国绿色食品行业国内销售额呈波动变化态势，2021年达到5 218.6亿元。我国绝大部分绿色农产品价格已经实现完全的市场调节，供求关系已经在绿色农产品价格的形成中发挥着主导作用，价格信息在农户的决策中起着明显的调节作用。

3. 农村市场体系初具规模

我国农产品的市场化程度相当程度上反映了我国农村市场体系的状况，目前我国绿色农产品的市场化指数仍低于我国农业市场化程度的总体水平。这说明我国绿色农产品市场体系不健全，需要大力加强农村市场体系建设，完善绿色农产品流通体系，着力解决绿色农产品"卖难"的问题。我国改革开放以来，在农产品市场体系中逐步形成了以批发市场为中心、以集贸市场和其他零售市场为基础的农产品市场体系。全国农产品批发市场数量不断增加，市场年成交额不断提高，改造步伐不断加快，绿色农产品在超市的地位不断凸显，期货市场稳步发展，农村市场的政策环境得到了很大的改善，农业信息化建设有力推进，市场质量检测服务不断拓展。

4. 绿色农业专业化生产和绿色农产品加工业迅速发展

在市场需求结构变动的情况下,绿色农业专业化和绿色农产品加工业得到了长足的发展。一方面,市场需求的多样性引发了农业的横向分工与行业的派生,由以粮食为中心、种植业为主的农业结构向农业、林业、牧业、副业、渔业快速发展的大农业演进。改革开放以来,随着城乡居民生活水平的不断提高和消费需求结构的逐步升级,食物结构中粮食的直接消费数量趋于稳定或减少,肉类、水果等多样化的农产品需求日益增加。农业分工的深化推动了专业化的发展,地区间的农业不再千篇一律,而是按照比较优势进行专业化生产,形成了区域化生产的格局。另一方面,农业生产结构和生产方式都发生了深刻变革,绿色农业产业链条在加长,绿色农产品加工业得到了快速发展。随着消费需求的升级换代,原来仅生产初级农产品的传统农业,不再适应城乡居民的多样化要求,提供半制成品、制成品或保鲜食品的趋向引起产后环节分工的日益深化。

5. 绿色农业生产要素市场化程度滞后

绿色农业中的生产要素大体上包括四方面:劳动力、土地、资金、农业生产技术。通过实证分析可以看出,我国的劳动力市场化指数、农业资金市场化指数和农业技术市场化指数的得分都比较落后,低于农业市场化总体水平。这说明我国绿色农业生产要素的市场化程度滞后是我国农业市场化发展的最大障碍。目前,农业要素市场的发育与发展取得了一定的进展,但要素市场化程度低且不完善,严重地滞后于农产品市场的发育程度与发展水平。从劳动力市场来看,农村劳动力依附于土地的格局已被打破,劳动力市场正在发育,但是,受城乡户籍制度及相关的就业、社会保障等制度的制约,劳动力流动的规模还比较小,就业稳定性差,导致农村剩余劳动力的流动不能真正实现市场化。从土地市场来看,土地使用权的流转日益活跃,已经深入农村经济生活的各个方面,但从总体来说,农村土地流转市场没有得到充分发展,农村土地市场化的主要障碍是土地产权还不十分清晰。[①]

(二)绿色农业市场化的制约因素

1. 绿色农业弱质性的制约

在市场经济条件下,农业不仅是一个生产农产品的特殊生产部门,而且属于

---

① 何瑞,姜志德. 生态农业市场化的内涵及实现途径[J]. 安徽农业科学,2007(34):11277-11278.

第六章　绿色农业发展与中国农产品市场结构演进

弱质产业。农业资源有限，尤其是耕地资源随着工业现代化进程的推进而不断减少且无法再生；农业生态环境日趋恶化，森林覆盖率低，植被稀少，水土流失严重，农业抗御自然灾害的能力减弱。同时，在市场化条件下，农业资源供给还受到市场竞争的制约。由于农业比较效益较低，在资源供给方面显然处于不利地位，农业自身的特点决定了它在市场竞争中的弱质性。如果农业的利益环境得不到改善，农业生产要素就会出现严重的流失，农业发展将受到更为严重的资源约束。因此，农业生产不仅面临着各种不确定的自然风险，而且在市场经济条件下其所包含的各种经济、社会风险也日益增大，农业越来越受到资源和市场的双重约束，农业本身的弱质性也必然影响到绿色农业的市场化进程。

2. 城乡二元体制的制约

在社会主义初级阶段，我国经济体制处于转轨时期，农村和城市的二元经济结构特征明显。人口、就业、社会保障等方面的分割管理办法，在城市与农村形成了不同的身份制度、教育制度、就业制度、金融制度、公共服务制度以及公共财政制度等。同时，农民在土地方面的权益没有以法律的形式确定下来，既造成了农民土地使用权缺乏有效的法律保护，又制约了土地使用权的市场转让和交易，导致了土地使用权的流转市场难以发育。这种长期不公平的制度，一方面阻碍了农民向二、三产业转移，将大量劳动力束缚在农业生产领域；另一方面，严重地阻碍了农村要素市场的发展，农业其他生产要素特别是土地资源等要素不断减少，单位劳动力的农业资源占有量减少。这种城乡二元体制不仅损害了农业本身的分工和市场化进程、农业生产率的提高，更大弊端在于它阻碍了整个社会分工的演进，影响了整个经济效率，最终影响了社会对农产品的市场需求和对农业富余劳动力的吸纳能力，阻碍了农村市场化进程以及农村劳动力的流动和转移，这是农民人均收入相对水平和公共服务低下的根本原因，是束缚我国农村生产力发展的最大体制性障碍。近年来，"工业反哺农业、城市支持农村"已经成为各界的共识，各级党委、政府对此也非常重视，采取各种措施，努力改变这种城乡二元经济的格局，以统筹城乡发展，建设社会主义新农村。但城乡二元经济体制影响深远，其变革将是一个长期的过程，在未来一段较长的时间里，仍会是绿色农业市场化的制约因素。

3. 绿色农产品流通体系不完善的制约

我国农村市场主体规模小、实力弱，绿色农产品流通业态及经营方式比较陈旧。据调查，目前我国农村市场基础设施严重不足，约有42%的农户自己销售农产品,有45%的农户直接把产品卖给个体商贩,只有2.7%的农户通过订单销售。可见,我国让高度分散的2.5亿多个农户充当市场主体,一直存在着供给方面的过度敏感性和市场信息方面的不对称性,造就了不完备的市场主体。具体表现在:一是生产选择上的盲目性,个体农户对市场信息缺乏分析能力,"究竟什么赚钱,到底什么好销"心里没谱;二是家庭经营上的分散性,农户各自为政的小生产,商品规模小,难以形成规模经济;三是经营方式上的封闭性,分散农户小而全的生产经营方式,排斥社会化和专业化生产;四是商品交换上的滞后性,农产品"卖难"与抢购并存,多数农户生产的大路产品过剩、畅销产品短缺;五是比较利益上的制约性,大多农户一般处于产中的原料产品生产,农民收益低,农业生产发展缺乏后劲。总的来看,目前我国绿色农产品流通市场体系是不健全、不完善的。①

4. 市场主体经营能力的制约

在家庭经营条件下,农户既是市场的微观生产主体又是消费主体。农户作为市场主体,承担决策、生产、营销等几乎所有功能,这使得农民必须是"全能型"的商品生产经营者。但是,我国农民的整体素质还偏低,市场经济意识还不强,对市场经济适应能力较弱。就总体而言,农民对市场信号反应不够灵敏,生产经营什么,生产经营多少,往往凭经验或者互相仿效,出现比较明显的盲目性和地区趋同性,增大了农产品生产的市场风险和利益流失。因此,农业生产经营对农民素质较高的要求和农民素质较低的现实之间的矛盾,便成为我国农业市场化中的一个困境。在我国加入世界贸易组织以后,这一矛盾更为突出。绝大多数农户对不断变化、竞争激烈的国际大市场知之甚少,很难成为西方发达国家那些具有较高文化和科技素质、进行大面积机械化作业、生产成本低、产品质优价廉的农场主的竞争对手,这将使他们面临更大的市场风险,更加难以进入竞争激烈的国际绿色农产品大市场。

5. 资源紧缺的制约

农业生产投入和农业的经营规模受到我国资源总体紧缺的客观制约。从土地资源来看,我国耕地资源的人均占有率低,农业生产微观组织被锁定在细小土地规模和小农经济的低水平上运行。2021年中国人均耕地面积7 000 m^2。我国虽然

---

① 何瑞,姜志德. 生态农业市场化的内涵及实现途径[J]. 安徽农业科学,2007(34):11277-11278.

耕地面积总数较大，但是人均占有耕地的面积相对较小，只有世界人均耕地面积的1/4，全国有1/3的省份人均耕地面积还不到67m²，其中有660个县人均耕地面积还不到33m²，大大低于联合国粮农组织确定的人口/土地承载力53m²的"警戒线"。土地资源紧缺而劳动力供给数量过剩导致了我国农业生产呈高度分散化、农户生产规模小的特点。农户经营规模狭小不但严重影响粮食产量，而且降低了农业生产中的规模经济效应，同时，经营规模狭小及土地细碎化还阻碍了现代机械设备和技术的应用，提高了绿色农产品的单位生产成本。另外，由于多数农户进行多样化、小规模经营，交易量小，交易频率低，农村通信等基础实施条件比较落后，农户进行交易所需信息的搜寻和谈判等活动的费用相对较多，因此，农户在市场交换中单位产品的交易成本往往比较高。

三、绿色农业市场化发展的对策

由于各种因素的制约，我国绿色农业市场化发展缓慢，绿色农业市场主体还具有不完备性，市场体系和市场基础设施难以完全满足市场机制运行的要求。推进绿色农业市场化，要从培育绿色农业市场主体，发展绿色农业生产要素市场，促进绿色农业专业化生产，健全绿色农产品市场流通体系以及加大政府对绿色农业的保护和支持力度等方面着手。

（一）多管齐下，壮大绿色农业市场主体

市场机制的有效运行，需要有力的市场主体来推动，农民进入市场成为市场主体是推进绿色农业市场化的基础。为了推进绿色农业市场化，必须确立农民的市场主体地位，提升农民的综合素质，重塑绿色农业市场化主体。

1. 壮大绿色农业市场主体是推进绿色农业市场化的前提

绿色农业市场主体的本质特征是以家庭收益最大化为目标，而不是以家庭效用最大化为目标。只有具有完全意义上的市场主体才能对价格变化做出灵敏反应，才会根据价格的变化来调整农产品结构，才会在市场的竞争压力下学会采用新技术，降低成本，优化产品质量，根据市场需要调整生产品种。商品化生产的农户以家庭收益最大化为目标，对市场价格的反应才会是灵敏的，对发展绿色农业的动力才是无限的。半自给性的农户以家庭效用最大化为目标，其生产动力来自家庭人口对农产品的需求、生活条件的改善，不足以促进其调整生产结构、提高劳动生产率。现阶段，大多数农户还是半自给半商品经济的复合体，农户的这种经济性质决定其决策目标是多元的。在生产什么、生产多少和如何生产等基本

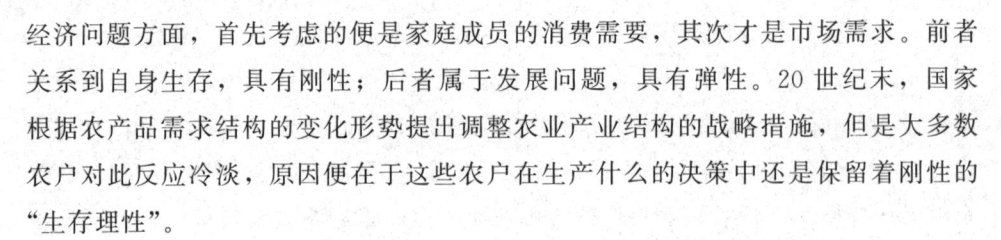

经济问题方面,首先考虑的便是家庭成员的消费需要,其次才是市场需求。前者关系到自身生存,具有刚性;后者属于发展问题,具有弹性。20世纪末,国家根据农产品需求结构的变化形势提出调整农业产业结构的战略措施,但是大多数农户对此反应冷淡,原因便在于这些农户在生产什么的决策中还是保留着刚性的"生存理性"。

2. 农户成为市场主体的条件

在市场经济条件下,农户追求自身利益最大化的能力与其占有的资源数量(包括权利)、资源利用效率、资源配置状态等相关。农户作为完整意义上的农业市场主体而存在,至少应具备以下几个条件:拥有作为市场主体的权利,享有独立决策生产什么、为谁生产、怎样生产的经营权;具备追求利润最大化的能力和物质基础;农户作为一个市场生产单位,需要承担决策、生产、销售等职能,因此,农民要成为市场主体,必须具有各种能力和足够的土地、资金等要素来投资生产,同时必须要有较强的资金积累能力。

3. 壮大绿色农业市场主体

市场经济条件下,农户作为独立自主的主体,在生产什么、为谁生产和怎样生产的决策上,在合法生产的条件下必须具有完全自主的权力。农户必须依法享有各种生产和交易所必需的权利,特别是清晰的土地产权、就业权和劳动收益权。必须根除政府的强制行为,革除城乡分割制度,给予农民和市民同样的待遇,改变农民处于弱势群体的状态。此外,还应提高广大农民的综合素质,加强对农民的职业技能培训,为提高农民参与市场和社会分工创造条件;积极推进农村教育综合改革,统筹安排基础教育、职业教育和成人教育,进一步完善农村教育体系;积极发展多层次、多形式的农村职业教育。对农民的培训,不仅要包括对农业产业结构调整所需要的农业技术的培训,为农业培养大批专业技术人才,还需要根据农民的意愿进行工业技术、服务技能方面的培训,以促进农业劳动力向非农转移。支持农民自愿创建农业合作组织,在市场经济条件下,分散的农民个体家庭经营无力与组织化、社会化程度较高的大企业、大公司抗争,往往在市场竞争中处于不利的地位。因此,必须依据市场化要求和经济利益原则,把分散的农民家庭生产经营单位组织起来,组建多种形式的农产品生产、加工、销售合作社,使农户分散的土地、资产、资金和劳动力等生产要素在较大的范围内和较高的层面上有效地组合起来,形成社会化生产的组织形式,从而使分散的农户联合起来有组织地进入市场。

（二）明晰产权，加快培育绿色农业生产要素市场

市场化的本质内容就是市场机制对资源配置发挥基础作用，从而优化资源配置，提高经济效率。生产要素不能自由流动，市场机制优化资源配置就是一句空话。因此，深化农村土地制度、劳动就业制度和农村金融制度的改革，促进农村生产要素的市场化配置是绿色农业市场化的一个中心环节。

1. 实现绿色农业生产要素的自由流动

要素不能自由流动是影响绿色农业市场化的主要因素，推进绿色农业市场化的关键在于使生产要素能够自由流动，能够由效益低的地方向效益高的地方聚集，实现生产要素优化配置。目前，我国农村的两种最主要的生产要素（土地和劳动力）都没有很好地配置起来。土地的流动性非常有限，尽管农民对土地有较长期的使用权，但由于土地产权关系模糊，土地使用权的流动受到各种限制。就农村劳动力而言，由于素质不高和制度的限制，使农村劳动力无法大量流动和转移。土地和劳动力、技术等生产要素的结合，不能形成强有力的现实生产力。土地使用权和劳动力难以实现市场化配置，不仅制约农村市场经济的拓展与深化，而且限制农村规模经营和农业产业化经营的发展。农村经济的市场化要求农村土地和劳动力这些基本的农业生产要素能够自由流动。

2. 加快农地产权改革步伐

农村土地市场化流转的前提是土地产权主体明确，产权界限清晰，农民对土地拥有独立完整的产权。没有农民对土地独立完整的产权就不会有农村土地这一生产要素合理、有序、合法的流动。农民缺乏对土地的完整和稳定的产权，也难以成为独立的市场主体。建立社会主义市场经济体制就意味着市场机制将成为资源配置的基本力量，通过市场调配土地资源是我国农村市场经济发展的必由之路。因此，应在稳定家庭联产承包责任制的基础上，实现土地使用权合理流转，以使土地作为生产要素进入市场流通，为逐步改变农业小规模分散化经营局面、为培育绿色农业适度规模经营主体提供一种长效机制。同时，要建立合理的土地流转补偿机制，实行土地自愿承包制、投包制、租赁制等，逐步改变土地家庭承包状况，使农村土地资源合理流动和优化组合。土地有序流转有利于形成专业生产大户、农村经济大户，他们不论是在生产技术的接受与传播、市场的开发与带动还是经营效果与发展意愿上都比一般农户具有明显的超前性，扶持专业生产大户是解决小农户经营增产不增收的可行途径。土地快速流转有利于产业结构的调整，形成规模经营。

3. 完善劳动力市场体系，推动劳动力生产要素的自由流动

通过户籍制度改革及其配套措施的完善，让农民逐渐获得与城市人同等的国民身份和公平发展的地位。只有农民获得与市民同样的权利和地位，农民才能敢于到城市去安居创业，才能使农村富余劳动力及时得到转移。同时，改革劳动管理部门，构建以劳动服务公司为主体、民间劳动介绍机构为辅助的劳动力信息网络，与中心城市劳动服务部门建立联系，组织区域内外劳动力的有序流动，形成满足经济发展需要的劳务市场，合理地转移农村富余劳动力，推动劳动力生产要素的自由流动。

4. 健全农村金融体系

要建立以农村合作信用社为主体，国家商业银行和政策性金融机构分工协作，民间借贷为补充的农村金融体制和运行机制。以农村信用社改革为重点，抓好农村金融市场建设。农村资金完全由市场自发配置难以完成，必须有政府的政策支持及引导推动。国家应整合对农村的资金投入，创造良好的市场和投资环境，帮助农村商业性金融机构突破发展瓶颈。比如，农业开发、技术进步及基础设施建设等，它们多半是社会效益高而经济效益低的项目。这类项目资金需求量大、期限长、回收慢、风险大，商业金融机构不愿意介入，必须依靠政策金融。因此，中央财政和省级财政应列出一部分预算用于补偿性财政支出，即向有政策性金融业务的机构提供贴息资金和呆账损失的弥补，用少量的财政补贴引导社会资金流向农业和农村经济，满足绿色农业发展的资金需求。

5. 加快技术在绿色农业中的推广和应用

多年来，我们一再强调农业生产，一靠政策，二靠科技，三靠投入，最终靠科学技术来解决发展中的问题。但是，要把现代的农业科学技术转化为现实的生产力，还需要广大基层农业科技人员能够及时地把先进的适用技术送到亿万农民手中。而我国目前的农业科技人员只占全国各类专业技术人员的4.4%，并且长期存在管理体制不顺、运转机制不活、人员队伍不稳、经费保障不足等问题。据调查，我国农村劳动力中接受过短期技术培训的为20%，接受过初级职业技术培训的为3.4%，接受过中等专业技术培训的仅为0.13%，而没有接受过任何技术培训的却高达76.4%。总之，目前我国基层农业科技推广体系仍处于一种"线断、网破、人散"的低效状态，这成为制约农村市场经济体制改革和完善的重要因素。因此，应该加快基层农业科技推广体制改革，加快培养农业科技人员，调动农业科技人员的积极性，加快技术在绿色农业中的推广和应用，缩短技术转化

为生产力的时间，以期创造更高的经济价值和社会价值。

（三）建立和完善社会化服务体系，促进绿色农业专业化生产

1. 绿色农业专业化分工的经济性

专业化分工可以提高劳动生产率，提高农产品商品率。绿色农业专业化生产有利于发挥分工协作的作用，使农业企业与农户之间根据自身的特点，扬长避短，充分发挥其比较优势，取得最大的经济效益。分工和专业化带来两方面的结果：一是产品的多样性，二是生产的单一性。前者是从社会范围来看的，后者是就单个生产主体而言的。分工演进的结果，一方面造成产品种类的多样化和质量的提高，另一方面造成劳动者专业化生产程度的不断加深，劳动者的消费求对市场的依赖不断加强。因此，农业分工的深化不仅会带来农业商品率和商品量的提高，还会带来农产品市场结构的不断改善。

2. 绿色农业生产社会化服务，是农户参与市场分工的重要条件

单个农户从事某种农产品或某一生产环节的专业化生产，是以外部良好的社会化服务为条件的，如投入品的购买、生产过程中的技术服务、产品的加工销售等必须能够方便地获得。随着农户商品生产规模的扩大，单个农户已经不再可能独立完成农业生产的全部过程，而必须借助和依靠农户外部的资源与力量，把农业生产的一部分甚至大部分环节交由专业人员、专业组织或专业部门操作。

3. 建立社会化服务体系，促进农户专业化生产

农业社会化服务，是包括专业经济技术部门、乡村合作经济组织和社会其他方面为农、林、牧、副、渔各业发展所提供的服务。农业社会化服务的内容，是为农民提供产前、产中和产后的全过程综合配套服务。近几年来，农业社会化服务在全国范围内蓬勃兴起，对促进农村经济发展起到了重要作用。农业社会化服务的形式，要以乡村集体或合作经济组织为基础，以专业经济技术部门为依托，以农民自办服务为补充，形成多经济成分、多渠道、多形式和多层次的服务体系。同时，鼓励各地方、各部门在实践中勇于探索和创新，努力建设一个适合不同地区生产力发展水平的、多样化的绿色农业社会化服务体系。

（四）加快绿色农产品市场流通体系建设

"建一个市场，富一方群众"已成为人们的共识。健全的市场体系有利于农民快速自由地进入市场，大大缩短广大农户与市场的距离，缓解农业小生产与大市场的矛盾，有力推动绿色农业市场化发展。一是在科学规划的基础上，扩大农村

专业市场规模，改善硬件设施，强化规范管理，培育区域性的专业绿色农产品批发市场，通过政策引导、壮大农产品经纪人队伍。二是有计划、有步骤地建立绿色农产品期货市场，品种选择上可以推出商品化程度高的大宗产品，交易方式上可以先发展长期合同，以稳定供求关系，规避风险。三是建设绿色农业市场信息体系，各级农业部门要尽快建立权威性的绿色农产品供求信息网络，对信息的收集、整理，要有专人负责，定期发布，并提供长期的市场预测分析。有条件的地方政府可以以有线电视网络为基础，尽快建立灵敏快捷的信息网络体系，开发利用国内外信息资源，鼓励农民加入因特网。四是建立健全绿色农产品检疫和质量标准。在市场经济条件下，绿色农业标准化是实现绿色农产品自由流通，提高绿色农产品竞争力的重要前提。发达国家为保证食品质量、安全性，有比较完备的质量标准和认证体系，而我国在这方面差距还较大。随着人们对农产品的健康安全要求普遍提高，面对我国加入WTO后的国际竞争形势，我国农业标准化建设问题也越来越突出。因此，建立绿色农产品质量标准评价体系与检测检验体系，制定和完善绿色农产品质量认证标准和评价标准，实施绿色农产品品牌战略，扶持和培育名、特、优农产品，对提高绿色农产品的市场占有率和市场竞争力，尤其对提高绿色农产品的市场效率具有重要的意义。因此，必须尽快建立健全绿色农产品质量体系和认证体系。

第三节 人口、资源、环境与绿色农业市场可持续发展

一、可持续发展的概念与原则

（一）可持续发展的概念

对可持续发展概念的理解，学术界的认识逐渐统一。可持续性的概念最先是由生态学家提出来的，即所谓生态可持续性，主要用来表明自然资源环境与人们对其开发利用程度间的平衡。被人们普遍接受的可持续发展概念是1987年世界环境与发展委员会提出的长篇专题报告——《我们共同的未来》中所使用的提法。该报告对可持续发展的定义是：可持续发展是指既满足当代人的需要，又不损害后代人满足其需要的能力的发展。1989年5月，在第15届联合国环境规划署理

事会期间，经过反复磋商后，通过了《关于可持续发展的声明》，对可持续发展的定义是：可持续发展系指既满足当前需要而又不削弱子孙后代满足其需要之能力的发展，而且绝不包含侵犯国家主权的含义。这一定义在1992年联合国环境与发展大会上得到世界各国的普遍认同。

（二）可持续发展的基本原则

1. 持续性原则

社会经济发展必须维持在资源和环境的承受能力范围内，才能保证发展的可持续性。我们坚持持续性原则，不仅要约束自己对资源的过度开发和对环境的污染行为，而且必须保护和加强资源环境建设。这就要求我们在开发利用自然资源的同时，要补偿从生态系统中索取的东西，使自然生态系统保持完整的良性循环机制。过去和现在的污染造成的巨大损失和环境灾难，都有力地说明了空气、水等自然资源并不是免费的。人们所进行的经济活动的环境费用是在超出环境的自净能力时出现的。超过了那一点，费用就不可避免了，它们必须得到偿还。为了有效维护自然生态系统对社会经济发展的持久支撑能力，我们应该对自然资源进行核算，估计环境质量的退化所造成的经济损失，并把它们计入环境费用，以便用于改善环境质量。事实证明，这样做不仅对于保护环境有积极作用，也具有良好的经济效益。

2. 共同性原则

人们生活在同一地球上，地球的完整性与人类的相互依存关系表现了人类根本利益的共同性。全球性的生态危机表现了人类社会所遇到的历史挑战的共同性、努力的共同性和未来的共同性。20世纪中叶，人类第一次从太空中看到了地球，在太空中人类看到的地球，最明显的不是人们建设的高楼大厦和人的活动，而是一幅由云彩、海洋、森林和土壤等所组成的图案。在宇宙中，人们所看到的地球是一个有机体的生动形象，它的健康程度取决于大气、海洋、土壤、森林这些组成部分的健康状况，而这每一个组成部分，都是全人类共有的，而不是哪一个国家和民族单独拥有的。人们已经认识到，由全球性的环境污染、生态破坏所引发的种种灾难性后果，如酸雨、全球气候变暖、臭氧空洞等，都是危及全人类的。人们不得不承认，环境危机、能源危机、发展危机都是全人类的共同危机。

3. 公平性原则

为了当代人和后代人的共同利益，保护和利用自然资源环境必须注重公平性。可持续发展不仅要求代内公平,即同代人中部分人的发展不应当以损害另一部分人的利益为代价,而且要求代际公平,即当代人的发展不应以损害下一代人的利益为代价。然而,这两种公平性的维护,现在都还做得很不够。一方面,当代人对资源的过度开发利用和浪费,剥夺了子孙后代公平地享用自然资源环境的权利。例如,当代人采用"石油农业"的经营模式,只顾在土地上获得产品,不考虑保持土壤肥力,已经引起了土质的严重退化。这是当代人过度利用生物圈在千万年中积累起来的土壤肥力,以牺牲后代人利益为代价的不公平行为。另一方面,在一个资源有限的世界上,一些国家和地区对资源的挥霍性浪费,限制了其他国家和地区公平地享有资源的可能性,特别是发达国家对各种资源的高消费,已远远高出不发达国家人均水平多倍,这也是极为不公平的。

4. 和谐性原则

可持续发展观不仅强调公平性,还要求具有和谐性。正如报告《我们共同的未来》中所指出的,从广义角度来说,可持续发展的战略就是要促进人类之间以及人类与自然之间的和谐共生。如果每个人在考虑和安排自己的行动时,都能考虑到自己的行动对其他人(包括后代人)及生态环境的影响,并能按和谐性原则行事,那么人类社会内部及人类社会与自然之间就能保持一种互惠互利的关系,也只有这样,可持续发展才能完全实现。

5. 高效性原则

实际上,可持续发展的持续性原则、共同性原则、公平性原则、和谐性原则已经隐含了高效性原则。前四项原则已经构成了可持续发展高效性原则的基础。与传统经济学不同的是,这里所指的高效性不仅是根据其经济效率来衡量,更重要的是依据对人们的基本需求满足的程度来衡量,是人类整体发展的综合和整体的高效。

可持续发展观特别强调"发展"。可持续发展把消除贫穷当作实现可持续发展的一项重要任务和目标。发展是人类的共同追求和普遍的权利,无论是工业化国家还是发展中国家都享有平等的、不可剥夺的发展权利。可持续发展特别注重经济的发展。经济发展不仅关系着全世界各国人民的利益,还影响和决定着整个人类社会的前途和命运,特别是对发展中国家来说,发展权尤其重要。可持续发展不仅关注发展数量的增加,还必须转变经济发展方式,使各国经济发展走向内涵式增长的道路。鼓励经济发展,以体现国家综合实力和社会财富;它不仅重视数量增长,更追求质量改善,提高效益,节约能源,减少废弃物排放;改变传统的生产和消费模式，实施清洁生产和文明消费。

二、人口与绿色农业市场可持续发展

（一）人口变化的经济效应

1. 人口数量变化的经济效应

人口数量变化的经济效应主要体现在人口增长对劳动力及其就业的影响、人口增长对消费需求的影响、人口增长对储蓄和投资的影响三方面。

一是人口增长对劳动力及其就业的影响。对人口与经济发展之间关系的认识可以转化为对劳动力与经济增长之间关系的认识，因为劳动力人口是整个社会总人口中最重要的组成部分。人口与劳动力的关系，在数量上是总人口和劳动力人口的比例关系，实质上是消费者数量和生产者数量的比例关系。从长期来看，人口和劳动力是向着同一方向变化的；从短期来看，在一定范围内劳动力有某种程度的弹性，而作为联结人口与劳动力的劳动适龄人口，是决定劳动力水平及其变化的重要因素。从人口作为生产者的角度来看，人口众多意味着劳动力资源丰富，这是发展的优势和潜力所在，许多证据也表明，劳动力对经济增长起着不可低估的作用。但是，劳动力只有被足够的生产资料所吸收才能完成就业，否则会导致劳动力大量过剩，不能就业的这部分人口，不能充分发挥他们本应作为生产者的作用，为社会创造财富，从而会制约经济的发展。

二是人口增长对消费需求的影响。从一定程度上说，人口越多，消费需求越大，就会促进积累和扩大再生产的投资，最终影响经济产出。随着人口数量的增加，基本的物质需求会随之扩大，为了满足这些需求，就必须从经济产出中拿出一定份额用于直接消费。因此，如果人口数量增长过快，就会对经济的发展产生一定的阻碍作用。这种阻碍作用取决于社会所能提供的消费基金与人口在一定消费水平下的实际需要的消费基金的对比关系。当人口数量增加到提供超过需求的劳动力时，总人口的实际消费需求超过社会合理分割下消费基金的提供时，就会对经济产生不利影响。

三是人口增长对储蓄和投资的影响。科尔（Coale）和胡佛（Hoover）建立了人口增长与储蓄、投资的宏观经济模型，说明了人口增长将阻碍储蓄和投资，给劳动生产率甚至经济增长带来负效应，这个结论尤其适合于发展中国家。

$$I = S = \alpha Y - \beta Y \qquad (7-1)$$

$$I = I_e + I_w = I_e + (I_{we} + I_{wt}) \qquad (7-2)$$

式(7-1)表明：储蓄取决于国民收入 Y 和人口 P，并决定投资 I，当人口增长时，储蓄会减少（系数 a、β 为正）。科尔和胡佛又将投资 I 分解为劳动资料 I_e 和福利支出 I_w 两部分，而且只有 I_e 才能带来产品的增产。I_w 又可分为现有人口的福利支出 I_{we} 和需要增加人口的福利支出 I_{wt}，它们都与人口因素相关，因此，人口增长率越高，福利支出的增加越不平衡，其结果导致增产的资本比例变小，从而使经济增长受阻。

2. 人口质量变化的经济效应

人口质量（即人口素质）包括身体素质、智力素质、文化素质、科技素质等诸方面。人口质量的高低对经济发展的作用和途径是单向的、唯一的，即人口素质的提高会促进经济的发展。在20世纪50年代，诺贝尔经济学奖获得者舒尔茨(T. W. Schultz)就对人口在经济发展中的作用有过深入研究，并提出了"人力资本理论"。舒尔茨发现，美国农业生产产量的提高，重要原因并不是土地、人口数量或资本存量的增加，而是人的能力不断增强和技术水平的提高。他认为，人的知识、能力、健康等人力资本的提高对经济增长的贡献远比物质资本、劳动力数量的增加重要。

3. 人口结构变动的经济效应

人口结构包括人口的自然结构（年龄和性别）、地域结构（居住分布状况）和社会结构（民族和职业）。人口结构既是人口发展的基础，又是社会经济运行和发展的条件。我们可以从人口老龄化角度分析人口结构变动的经济效应。人口老龄化是经济发展与人口自身发展的必然结果，是社会进步的象征。但从绝对意义上说，超前进入老龄化社会必然会给当前经济发展和未来可持续发展带来一定压力。人口老龄化所造成的后果之一就是劳动力人口比重下降，从而导致劳动力资源相对减少，相对于不断扩大的经济发展规模，可能出现劳动力供给不足；人口老龄化造成的另一后果是劳动力人口年龄趋于老化。

（二）人口对绿色农业市场可持续发展的双向作用

我们认为，可以从两方面来理解人口与绿色农业市场可持续发展之间的关系：首先，适度的人口对于绿色农业市场的可持续发展是必需的。人口过分稀少，显然对绿色农业市场的可持续发展是不利的。例如，农业水利设施必须在人口密度达到一定水平以上才能充分发挥其效益。相反，人口过多，则可能导致对绿色农业市场资源环境的破坏以及经济上的贫穷和落后，并引发出一系列社会问题。从绿色农业市场资源方面看，人口增长过快，必然造成对资源的过度需求；

第六章　绿色农业发展与中国农产品市场结构演进

从环境方面看，人口增加导致人们生产和消费的增加，而这种增加所直接或间接造成的环境恶果是空气和淡水质量下降、森林和草场的破坏以及由此导致的沙漠化、生物多样性破坏、温室效应等诸多问题；从社会影响看，人口增长加速了人口的聚集和迁移，从而导致城市人口迅速膨胀，使城市化质量下降。人口过多，造成了就业困难，从而导致社会不稳定因素的增加。总之，人口对绿色农业市场可持续发展的双向作用表现为一定数量的人口是绿色农业市场可持续发展的必要要素，而人口数量的过度膨胀、人口结构的比例失调、人口素质的整体偏低，又成为制约绿色农业市场可持续发展的重要瓶颈。因此，从这个角度来说，人口是一把"双刃剑"。因此，要想实现绿色农业市场经济的可持续发展，必须使劳动人口增长率保持在一个适度的水平，因为劳动力人口规模说到底是由人口增长率决定的（这并不意味着劳动力人口规模会与总人口规模同比例增长，它还取决于劳动人口比重和劳动参与率）。这种思想其实就是经济适度人口理论的基本内核。

我国的人口问题，首先是人口基数大，人口增长过快。我国的人口超过了全世界发达国家的总人口。这当然首先是一个社会问题，每年要为相当于一个大国的人口解决生活、教育、就业、医疗，以及与此相关的经济发展、科学技术发展、文化发展、城乡发展、社会治安管理等问题，我国每年新增国民收入的25％用于新增人口。但是，归根到底则是生态问题，因为我国14亿多人口，以及今后新增人口，主要依靠我们自己的土地养活自己。2022年2月28日，国家统计局公布了"2022年国民经济和社会发展统计公报"，经过初步核算，截止到2022年年末，我国总人口人141 175万人，也就是目前全国人口有14.1175亿人。人口总量的增长对我国的长期发展仍然是一大威胁，经济发展方式、资源过度开发利用、生态环境破坏等，在很大程度上都与这种庞大的人口压力有关。未来10年我国人口发展有三个主要趋势：总人口达16亿，有8亿～10亿劳动力，有2.5亿老人，这构成了我国人口发展的新特点。人口太多仍然是一个问题，但不只是人口太多对社会和生态造成过大压力，这并不是问题的本质。

就其本质而言，我国人口问题的本质是人口的质量问题。现在，我国人口问题的主要方面，已从人口数量问题转变为人口质量问题。因为"独孩政策"的问题已经开始表现出来：一是人口老龄化问题；二是人口质量下降的问题。绿色农业市场要可持续发展，不仅要求控制人口数量，而且要提高农村人口素质，尤其是直接从事绿色农业市场发展的劳动者的综合素质。

三、资源与绿色农业市场可持续发展

绿色农业市场资源可分为绿色农业市场自然资源和绿色农业市场经济资源两大类。绿色农业市场自然资源包括绿色农业市场生产可以利用的自然环境要素，如土地资源、水资源、气候资源和生物资源等。绿色农业市场经济资源是指直接或间接对绿色农业市场生产发挥作用的社会经济因素和社会生产成果，如从事绿色农业市场劳动的人口数量和质量、绿色农业市场技术装备、绿色农业市场基础设施等。资源是绿色农业市场可持续发展的物质基础。人们一般用资源总量或人均水平来说明与资源相关的问题，资源总量涉及其承载能力，人均水平则反映拥有资源的真实状态。就我国而言，资源总量和人均水平构成了一对矛盾：多数资源的总量是比较丰富的，但所有资源人均水平都较低。

从资源总量来看，我国堪称世界第三资源大国。例如，水资源总量、煤炭资源储量位居世界第一，土地资源总量、草地资源总量位居世界第三，耕地总面积位居世界第四，林地总面积位居世界第五，许多矿产资源储量位居世界前列，探明有45种主要矿产保有储量位居世界第三。我国是一个拥有14亿人口的大国，人力资源丰富，人口总量占世界的1/5。但是，我国人均占有资源量远低于世界平均水平。在资源开发利用过程中，还存在过度开发、消耗速度快、利用效率低、重复利用率不高等问题，这使得绿色农业市场可持续发展的基础不牢。

（一）资源过度开发

第一，耕地对绿色农业市场可持续发展具有极端重要性。我国是一个农业大国，没有耕地，也就没有农业。我国的耕地历来就是一种稀缺资源，在相当长的历史时期里都是以不到世界7％的耕地养活占世界1/4的人口，这种格局至今仍然没有改变。从目前情况来看，我国的耕地不仅没有增加，反而在减少，而且减少的速度和幅度惊人。耕地减少意味着潜在的粮食危机，意味着如何保证16亿人（最大人口规模）的吃饭问题。这也是世界观察研究所的研究报告所提出的谁来养活中国人的问题。第二，我国是世界上多数矿产品的最大生产国。在国际贸易中交易量最大的一次能源和金属类矿产品当中，所有大宗产品的产量我国都名列世界前茅。但是，我国矿产品的高产量是靠自然资源的过度开发来维持的。从我国主要矿产品生产量占世界总产量的比重和开采储量占世界总储量的比重的比较中发现，我国绝大多数种类矿产品的产量份额都大大超过了储量份额，换言之，我国对所有矿产资源普遍存在超量的掠夺式开采。从一些国家矿产资源储藏量与生产量的对比数据中也能看到,与我国成鲜明对比的是,世界上许多国家从资源开发战略出发,对本国各种自然资源采取有计划、有节制的开发,重在保护。

(二)资源消耗速度惊人

从资源消耗角度来看,我国的消费增长速度是相当惊人的。未来一段时期,我国的产业结构仍将处于高能耗产业主导的阶段,这将直接影响绿色农业市场的产前、产中及产后,使得绿色农业市场的可持续发展失去系统性。

(三)资源利用效率较低

从资源利用效率来看,我国仍然处于粗放型增长阶段。例如,以单位GDP产出能耗表征的能源利用效率,我国与发达国家差距非常之大。如果以日本为1的话,意大利为1.33,法国为1.5,德国为1.5,英国为2.17,美国为2.67,加拿大为3.5,而我国高达11.5。我国的耗能设备能源利用效率比发达国家普遍低30%~40%。每1 000美元GDP排放的二氧化硫,美国为2.3kg,日本为0.3千克,而我国高达18.5kg。[1] 我国农业灌溉用水利用系数是国外先进水平的一半左右,万元工业产值用水量是国外先进水平的10倍。我国人多地少的矛盾十分突出,但低效利用问题更为突出。由于大量使用化肥、农药和外部污染等原因,现有耕地质量逐年下降,耕地后备资源不足。一些地方盲目兴办各类开发区,省级以下开发区征地后的土地闲置率通常偏高。资源利用效率低下是有悖于绿色农业市场发展理念的。

(四)资源重复利用率低

从资源再生化角度看,我国资源重复利用率远低于发达国家。例如,尽管我国人均水资源拥有量仅为世界平均水平的1/4,但水资源循环利用率却比发达国家低50%以上。据统计,我国工业万元产值平均用水量为103m^3,是发达国家的10~20倍;我国工业用水的重复利用率平均为40%左右,发达国家平均为75%~85%。[2] 而全世界钢产量的1/3、铜产量的1/2、纸制品的1/3来自循环使用,一些发达国家在多个产业已经实现水资源消耗的零增长甚至负增长。我国资源再生利用率也普遍较低,每年约有500万吨废钢铁、20多万吨废有色金属、1 400万吨的废纸及大量的废塑料、废玻璃等没有回收利用。据有关部门统计,由于我国

---

[1] 有色金属工业[EB/OL]. https://wiki.mbalib.com/wiki/,[04-05].
[2] 百度百科. 用水[EB/OL]. https://baike.baidu.com/item/用水/,[2023-04-05].

生活垃圾的处理非常原始，回收利用率极低，80%以上的生活垃圾被填埋抛弃，每年被丢弃的可再生资源，价值超过1 000亿元。资源重复利用率低下一方面造成了绿色农业市场产业环境的恶化，另一方面与绿色农业市场提倡的循环经济理念也是不相符的。

四、环境与绿色农业市场可持续发展

环境是指事物周围所在的条件，对不同的对象和学科来说，环境的内容也不同。绿色农业市场环境是指影响绿色农业市场作物生存和发展的各种天然的和经过人工改造的自然因素的总体，主要包括农田、森林、草原、灌溉水、空气、光、热及施用于农田的肥料（包括化肥）、农药和农业机具等。这些环境要素共同构成了一个绿色农业市场环境综合体系，相互作用，相互影响，为人类创造出生产和生活必需的大量物质。绿色农业市场环境是人类赖以生存的自然环境中的一个重要组成部分，是绿色农业市场可持续发展的载体。

环境污染是指由于各种有害物质的大量排放而超过环境的自我净化能力所形成的一种环境质量退化现象。农业环境污染主要指过度施用化肥、农药，大量排放畜禽粪便，随意丢弃农用薄膜等对农业生态环境造成的污染。一是过量施用化肥所引发的生态问题。据测算，我国用了世界上1/3的化肥，化肥利用率却只有35%，而发达国家为80%。由于化肥利用率低下，只有1/3被农作物吸收，1/3进入大气，1/3留在土壤中，破坏了土壤的内在平衡，影响农产品品质。二是大量排放畜禽粪便造成新的污染源。近年来，全国大中型畜禽饲养场不断增加，每年排放粪水及粪便超过17亿吨。未经处理的畜禽粪便直接排放，使水体"富营养化"严重，还污染大气和土壤。三是农用薄膜带来的"白色污染"。随着农用地膜种植技术的推广和应用，塑料棚膜、地膜作物在农村十分普遍。但是，大量废弃的未回收农膜埋入土壤，破坏土壤结构，阻碍植物吸收水分及根系生长，影响农作物收成。同时，由于乡镇企业生产技术工艺落后、设备陈旧、布局分散、劳动力素质普遍偏低，单位产量中能源、水、原材料等资源消耗大，利用效率低，大量废弃物随意排放，造成严重的环境污染问题，难以治理，直接造成了绿色农业市场产地环境的恶化。

此外，环境污染异地转移现象严重。污染转移主要是指一国将在本国处理费用高昂或危险的各种废弃物通过贸易等方式越境运到其他国家，主要是发达国家向发展中国家进行污染转移。这种污染转移一般通过两种渠道实现。第一，在合法贸易的幌子下通过有毒有害产品的出口直接转移污染。目前，由发达国家出口到发展中国家的农药杀虫剂中有30%是在出口国已经被禁止使用的产品。第二，通过产业转移间接出口污染。他们打着建立跨国公司、在发展中国家投资等旗号，把能耗高、污染重的企业转移到发展中国家。由于世界经济竞争激烈，全世界数量惊人的电子垃圾中，有80%出口至亚洲，其中又有90%进入中国。这些"洋垃圾"在分解过程中，产生大量的残渣，其中包括大量的汞、镉、铅等有毒有害物质和不可降解的塑料，极易污染空气、水源和土壤，无疑加剧了我国生态环境危机。另外，随着城市经济发展水平的提高和产业结构升级速度的加快，以及城市居民环保意识的不断加强，城市污染控制力度加大，一些物耗能耗高、产品附加值低、污染严重的行业已经或将要被淘汰。这些被城市工业淘汰的技术设备可能被乡镇企业或农户看好，不断向农村转移，形成新的污染源，这都严重影响了绿色农业市场可持续发展的基础。

第四节　绿色农业市场经济可持续发展的制度创新

一、绿色农业市场经济可持续发展制度创新的目标

从理论上讲，绿色农业市场经济可持续发展制度创新的目标十分明确，即通过制度创新（无论是何种创新方式和路径）构建绿色农业市场经济可持续发展的制度环境和制度安排，包括正式的制度，如影响绿色农业市场经济发展及与绿色农业市场经济发展相关的法律、法规、条例、条令和政策等以及国际或地区之间的条约、宣言等软法律；还包括非正式的制度，如伦理、道德观念的革新与重建，文化、传统、习惯的继承和发扬等。但是，绿色农业市场经济可持续发展制度创新是各相关利益集团博弈的过程和结果，因此，可持续发展的绿色农业市场经济制度创新的目标的确定和选择是实施绿色农业市场经济可持续发展战略必须考虑的一个现实问题。

(一)绿色农业市场经济发展具体目标与绿色农业市场经济可持续发展战略的耦合

绿色农业市场经济制度既是绿色农业市场经济可持续发展战略的具体化,又是实现绿色农业市场经济可持续发展战略的重要保障手段,因此,在进行绿色农业市场经济可持续发展制度创新时,首先要考虑为一定战略服务的绿色农业救济制度体系的目标与绿色农业市场经济可持续发展战略的耦合关系。这里所指的耦合关系,并非二者之间的简单一致性,还包括更为复杂和深刻的匹配关系与协同作用的内涵。

(二)绿色农业市场经济制度目标效用的最大化

就绿色农业市场经济可持续发展而言,相关制度的一个重要功能是对人们的观念和行为进行诱导、约束和协调,即规范人们行为的功能。不同类型和不同类别的绿色农业市场经济制度之间不仅存在着纵向的层次关系,更形成有大量复杂和交叉的横向关系,因此,构成了立体化的制度空间网络和错综复杂的诱导、约束和协调功能的关系。为了避免由众多条款构成的绿色农业市场经济制度体系的整体功能离散化或模糊不清,也为了避免使具体的绿色农业市场经济制度目标淹没在众多条款中,必须在研究和设计绿色农业市场经济制度体系目标过程中,把握多种与绿色能源经济制度相关的系统结构与诱导、约束和协调功能的有效组合,以实现具体绿色农业市场经济制度目标效用最优化。

(三)绿色农业市场经济制度行为的离散与定向控制

即使是一项好的绿色农业市场经济制度,由于制度的与非制度的因素影响,在其执行过程中很难避免发生绿色农业市场经济制度行为在不同程度上的离散和执行绿色农业市场经济制度时的变形,导致偏离具体的绿色农业市场经济制度目标。为了削弱和避免绿色农业市场经济制度行为的离散和执行制度时的变形,除了在创新绿色农业市场经济制度时要合情合理地处理多种利害关系、健全配套制度并使其延伸为法律外,还要通过理顺管理体制方面的矛盾,加强舆论导向和运用公开批评或表扬等方法来营造良好的绿色农业市场经济制度环境,并以法制化管理为后盾。

二、绿色农业市场经济可持续发展的人口制度创新

人口转变的基本完成是一个国家或社会现代化的重要标志,生育模式的转变

第六章　绿色农业发展与中国农产品市场结构演进

也是一个国家或社会实现可持续发展的重要条件。人口转变程度在很大程度上取决于生育模式及其转变程度,生育模式取决于生育行为,生育行为取决于生育意愿。出于微观层次的生育意愿及生育行为又在很大程度上取决于宏观层面的制度结构及其具体的制度安排。因此,要引导人们的生育意愿及生育行为朝着现代化和适应绿色农业市场经济可持续发展的方向发展,就需要进一步推进相关制度安排的创新。

(一)生育调节制度创新

现实中生育行为的外部性要实现内在化,势必需要政府等外来主体提供约束、引导人们的生育观念和生育行为朝着适应绿色农业市场经济可持续发展的方向转变。

1. 进行正式制度安排的创新,培育并形成家庭生育行为自我约束的新机制

人们的生育行为是在一定的生育制度结构下进行的,制度环境的变化将引发人们预期收益的改变,理性的生育观念和生育行为也将随之发生相应变化。之所以一些农民倾向于多生孩子,从根本上说是现实制度安排的结果。要彻底解决个人理性与集体理性之间的冲突,并不是要否认个人理性,而是要设计一种有效机制,在满足个人理性的前提下达到集体理性。这方面的制度安排和创新主要包括:①提供社会化的养老制度安排,改变过去单纯由家庭养老的传统模式,解决独生子女的后顾之忧,从而转变"养儿防老""多子多福"的生育观念和生育动机;②提高家政服务社会化的制度安排,提高妇女的就业率、个人的时间价值、家庭地位和社会地位,从而提高生育和抚养孩子的机会成本;③实施计划生育家庭补偿和激励机制,通过"卡尔多改进"①的制度安排,推进计划生育的顺利实施。

2. 进行非正式的制度安排,以减少正式制度实施的障碍和成本

"传宗接代""多子多福"等长期以来所形成的传统生育观念在许多农村居民心中根深蒂固,这方面的传统习俗没有发生根本变化之前,通过实施单纯的正式制度约束来推行和维持现行的计划生育政策,其制度成本是非常高的,同时,制度绩效是非常低的。通过创办社区人口学校、基层人口协会、计划生育中心户联系制度,开展现代婚育文化建设运动,使人们在潜移默化中转变传统的生育观念和生育动机。

---

① 如果新制度安排能够促进社会福利增长,并且能够设计出一种有效机制来对改革中受到损失的团体和个人进行某种方式的补偿,这就是卡尔多改进。

3. 进行计划生育组织制度创新，建立有效的制度实施机制，提高人口控制的制度绩效

一项制度实施绩效的高低，除了制度设计本身是否完善之外，制定的实施机制是否健全也是一个非常重要的因素。建立一套结构相互补充，计划生育管理部门和其他相关职能部门齐抓共管，自上而下的委托—代理机制和地区间、社区间的信息、管理互动的网络体系，婚前、孕前和产后服务、管理衔接的计划生育政策实施机制，是人口调控政策及其制度安排得以有效贯彻实施的必要保障。

（二）人力资本开发制度及其创新

在人力资本开发的制度结构中，正式的制度安排主要包括教育法律制度、教育管理制度、正规教育制度、继续教育制度和在职培训制度，而非正式的制度安排主要包括意识形态和人力资本价值观的培养等方面。教育制度是人力资本投资和开发最重要的途径，其制度安排直接决定着一个国家劳动力知识存量的多少、国民素质的高低、人力资本的现实状况等，从而决定着经济发展的水平和速度。离开了教育，就不可能完成人口、人手向人力和人力资本的转化，就不可能用最先进的科学技术去武装自己的国民，也就难以从根本上摆脱贫穷和愚昧。作为人力资本投资的重要方式，教育直接影响着绿色农业市场经济可持续发展。要实现绿色农业市场经济可持续发展，首先要实现教育的可持续发展。根据我国目前的实际情况，实现教育的可持续发展需要从以下几方面着手和努力。

(1)进行管理制度和教育投资制度创新，充分调动地方政府和社会力量的积极性，加大教育投资力度。在增加国家对基础教育和高等教育投入的同时，引入有效的准入和激励机制，鼓励地方政府和民间力量投入教育，大力发展绿色农业生产、加工技术的高等教育和职业教育，推进高等教育和职业教育的产业化。

(2)进行教育模式和教学激励机制的创新，加强素质教育。要对传统的应试教育进行深刻反思，用注重创新能力培养的素质教育取代过去那种片面追求升学率的应试教育，把培养学生的创造性思维作为首要任务，加强培养学生独立思考和解决问题的能力。

(3)建立弹性的、多层次的梯形教育结构。具体而言，教育应该包括以下三个层次：①基础知识教育和人格教育；②实用教育，包括各种职业教育、科学教育，这些不同层次的教育的目的是提高人的智力水平，传播和利用已有的各种知识及进行知识创新，这种教育应符合社会经济发展和科学本身的逻辑；③以哲学为代表的纯粹精神领域的教育。

三、绿色农业市场经济可持续发展的资源开发利用制度创新

社会主义市场经济的快速发展、现行的自然资源开发利用制度安排的缺陷以及自然资源资产化管理的客观要求,使我们必须尽快对自然资源开发利用制度进行创新设计和安排,通过一系列的制度创新,来促进绿色农业市场经济的健康与可持续发展。

(一)自然资源产权制度创新

应根据市场经济发展对经济体制转变的客观要求,修改和完善有关法律法规,进一步明确自然资源的所有权制度。其内容应该体现如下特征:①在自然资源的所有权结构上表现为多种所有制并存,以国家所有制为主体、集体所有制为补充;②明确国有自然资源以中央政府主管部门统一行使所有权职能,地方政府不能分享自然资源产权,但在中央政府与地方政府之间应建立起国有自然资源的委托代理关系;③实行国有自然资源国家占有与以资产形式存在并行的制度,即明确国有自然资源是国有资产,自然资源的国有制是国有资产制度的实现形式之一;④确立自然资源的有偿占有制,使自然资源所有权的经济权益能在制度上得到充分体现;⑤实行国有自然资源产权转让机制,由以政府行政手段为主向以经济手段为主转变。

(二)自然资源使用制度创新

在明晰产权、调整产权关系的前提下,需要进一步改革和完善自然资源使用制度,通过新的制度安排,实现自然资源使用制度创新。自然资源使用制度的重新安排与创新应体现以下特征和要求:①自然资源所有权与经营权的分离,资源的有偿占有制决定资源的有偿使用制度;②提高资源的使用成本,改变资源使用的零成本或低成本状况,使资源使用权获得与转让的代价不断提高;③建立中央政府与地方政府之间规范化的委托代理关系,改变地方政府通过各种方式争取、瓜分和蚕食中央政府的资源使用权的状况;④改变经济发展方式,实行低消耗、高产出的集约型增长方式与较高的自然资源回收利用率并存的制度;⑤明确资源所有者、使用者和管理者各自职能和分工后的责、权、利关系,增强所有者、管理者对使用者的监督约束力度;⑥改变资源使用中主要用行政手段配置的方式,充分发挥市场机制的基础性作用,综合运用经济、法律、行政等手段配置资源。

(三)自然资源核算制度创新

自然资源核算制度的重新安排与创新应体现如下要求:①在微观层面上,要

使企业的生产经营充分考虑成本与收益的关系，企业的生产量必须全面反映生产与消耗的变化量；②研究和构建绿色农业市场经济可持续发展评估指标体系与测算方法，尤其是要研究制定科学的绿色农业资源评估核算方法，并将其纳入国民经济核算体系；③在国民生产总值的计算中，建立一个补偿资源损耗的项目，使资源损耗随着国民生产总值的增长而得到相应的补偿；④在自然资源核算中，应将实物核算与价值核算有机结合起来，不可偏重某一方面，因为实物核算是价值核算的基础，价值核算是实物核算的反映并具有动态性；⑤要正确处理自然资源消耗与绿色农业市场经济发展的关系，将短期的绿色农业市场经济发展与长期的可持续发展结合起来，实现自然资源的可持续利用与绿色农业市场经济可持续发展的协调统一；⑥增强政府在资源核算方面的监督与管理职能，通过完善国民经济核算体系来提高自然资源管理政策的有效性。

（四）资源产业发展制度创新

适应世界资源产业发展大趋势，在改革完善自然资源核算制度的基础上进行资源产业发展机制创新，具有重要的现实意义。我国资源产业发展制度安排与创新应体现如下要求：①加强资源产业管理体制建设，适时组建资源产业管理的职能部门，集中统一管理自然资源资产；②加快制定符合我国国情和世界资源市场发展趋势的资源产业政策、发展战略和规划；③研究制定资源市场的运行机制，将市场的自发调节资源和政府的宏观调控作用有机结合起来，使资源得到有效配置和有效利用，提高资源使用效率；④制定有效的资源产业管理的技术经济政策，组织研究与自然资源的保护、恢复、再生、更新、增值和积累有关的具体经济技术措施，为绿色农业市场经济可持续发展创造良好的资源基础条件；⑤积极培养资源产业管理人才，提高资源产业管理效率；⑥制定资源产业管理的相关法律法规及资源市场运行的有关法规，保证资源产业发展的规范化、法制化。

（五）资源价值理论创新与观念更新

在促进自然资源开发管理制度创新时，重要的任务是实现自然资源价值理论创新与观念更新，为自然资源开发利用与管理提供新的制度约束，为促进绿色农业市场经济可持续发展与资源的可持续利用奠定新的理论基础。在不断深化改革、扩大开放的条件下，资源价值论创新与国民经济关系的主要表现形式和要求是：①加强和深化对自然资源价值论的研究，探索自然资源价值存在和发生变化的科学依据即自然资源价值规律；②在自然资源开发利用的经济理论方面，应重视资源产业化问题,为建立和实行自然资源有偿占用制度、将自然资源作为资产并按消耗利用资产获得经济效益的法则来经营管理自然资源提供理论依据;③应从可持续发展的角度充分认识环境资源中生态资源的多功能性和多价值性与人工产品的单一功能的巨大差异;④降低对国民生产总值(GNP)的迷信程度,研究制定"绿色国民账户"("绿色GNP"),逐步将国民经济核算账户转化为"绿色国民账户";⑤在自然资源价值观念关系的基础上形成新的意识形态和道德规范,增强社会公众的参与意识。

四、绿色农业市场经济可持续发展的环境制度创新

绿色农业市场经济可持续发展必须以环境可持续发展为基础,环境可持续发展必须以制度创新为前提。环境制度创新的意义在于以尽可能小的环境保护成本实现尽可能好的环境效果。

(一)环境法律制度创新

法律手段是其他手段发挥作用的基础和前提,没有法律手段做保证,行政手段就无法可依,经济手段就失去效能,教育手段就苍白无力。法律手段主要包括环境保护立法和环境保护执法两方面。

1. 环境保护立法

我国的环境法体系主要包括宪法、环境保护基本法、环境保护单行法律法规、环境保护标准、环境管理机构组织法规、处理环境纠纷的程序和方法法规、其他法律中有关环境保护的条文、地方环境保护法规、中国批准加入的或签订的关于环境与资源保护的国际公约、协定、宣言、声明等。经过几十年的努力,我国已形成了环境法的基本框架,但与环境保护的现实要求相比,环境制度创新仍要从以下几方面着手:①现行法律法规是以计划模式为基础的,而我国经济体制改革的目标是建立社会主义市场经济体制,这就要求我们对已有的环境法规做一次系统梳理和修改,使环境法制建设与市场经济模式相适应;②传统的环境法制是封闭的,而市场经济条件下的环境法制建设必须坚持开发性,增强其公开性、透明性和民主性;③现行环境法律以实体法为主,程序法很少且凌乱地分散在各种法规中,这显然不能适应环境管理法治化的需要,加强环境程序法建立是环境决策科学化和民主化的重要保障;④现行环境管理存在着"重环境立法、轻环境执法的现象",因此,要实现以环境立法为主向立法与执法并重转变。

2. 环境保护执法

环境保护立法使环境保护有法可依，环境保护执法则要求环境保护有法必依、执法必严、违法必究。相对于环境保护立法而言，环境保护执法则显得滞后，这就要求我们：①加大环境保护执法力度；②改善环境保护执法效果；③加强环境保护执法检查；④提高环境保护执法透明度。

（二）环境行政制度创新

各级政府在环境保护方面具有其他组织不可替代的作用，特别是当采取法律手段和经济手段不能纠正因外部性引起的资源配置不当时，就存在行政干预的必要性。具体而言，政府在环境保护方面的主要作用在于：①利用政府可支配资源对环境保护这一公共物品的投入，可集中力量办大事，集中财力抓环境建设；②利用政府的强制力，加强环境监管力度，按照环境保护的法规和标准执行行政职能，严惩践踏环境保护法规的人和事，坚决杜绝环境管理中的不正之风，实现各级政府环境保护责任制；③形成包括生态建设和环境保护在内的政府综合决策机制；④进行环境保护的短期、中期和长期规划。从目前来看，环境行政制度创新的主要方面是：①退出不需要政府干预的领域；②管好应该由政府管理的环境事务；③政府应为环境保护的市场化改革提供保障，特别是要维护好公平竞争的市场秩序，以免市场失灵。

（三）环境教育制度创新

教育是社会经济全面发展的基础，如果不重视教育的作用，社会、经济及环境的发展都是不可持续的。从成本—收益的角度来看，教育手段对环境保护的成本更省、收益更大。因为教育是一种公共物品，具有极强的正外部性，可以用较小的投入获得较大的产出。就其内容来讲，环境意识的教育包括环境知识的宣传普及、环境法规的宣讲灌输和环境管理中典型案例的示范教育，使公众懂得环境对人们的重要性和环境法规的严肃性，从而形成坚定的生态理念和自觉的环境保护习惯。

(1)正式会议的宣传教育。包括两种类型：一是环境保护的专题会议，如人口、资源、环境工作会议等；二是利用尽可能多的会议机会开展环境意识的宣传教育。

(2)文件书籍的宣传教育。要坚决贯彻执行中央关于环境保护的文件，使环境保护政策家喻户晓；要鼓励环境科学研究成果特别是科学普及性成果的出版和宣传。

(3)新闻媒体的宣传教育。报纸、杂志、电视、广播、互联网等新闻媒体具有极大的影响力,要尽可能利用这些媒体为环境保护服务,如在报纸上开设环境保护专栏、在电视上开设环境保护专题、开设环境保护的专门网站等。

(4)学生课堂的宣传教育。要在小学、中学、大学各个层次、各种类型的学校中开设与环境保护有关的课程或讲座,使环境教育进课堂、进网络,见行动、见效果。

(5)节日活动的宣传教育。如利用世界环境保护日、植树节等开展环境知识的宣传教育,使人们过一个从事环境保护、参与环境保护的有意义的节假日。

(6)绿色社团的自我教育和社会活动。绿色社团在环境保护中发挥的作用越来越重要,要通过民间发起的环境保护组织开展宣传工作,鼓励创办绿色企业,从事绿色生产、绿色营销和绿色消费等。

(四)环境经济制度创新

环境保护既可以采取法律、行政等"刚性"手段,也可以采取经济、教育等"柔性"手段,还可以采取刚柔结合的综合手段。随着市场化改革的深入和市场经济体制的逐步完善,制度环境发生了深刻变化,经济手段的激励作用日益凸显。根据经济合作与发展组织(Organization for Economic Cooperation and Development,OECD)的实践和研究,有效使用环境经济手段必须满足一些必要条件。这些条件包括:足够的知识基础、强大的法律结构、充分的市场竞争、高超的管理能力以及较小的政治阻力。因此,环境经济制度的创新要遵循以下思路:①在现有的环境经济手段中进行优化组合。具体包括:经济手段与其他手段的组合使用;环境经济手段之间的组合使用;各种手段的综合运用。②设计、制定一种新型的环境经济手段。具体包括:建立环境权益代理公司;建立"控污银行";征收环境税;污水治理市场化等。

第五节 绿色农业市场经济可持续发展的保障措施

一、政策保障措施

(一)消除以工业为偏向的"二元"经济结构

我国的"二元"经济结构严重制约着我国农业乃至整个国民经济的发展。因

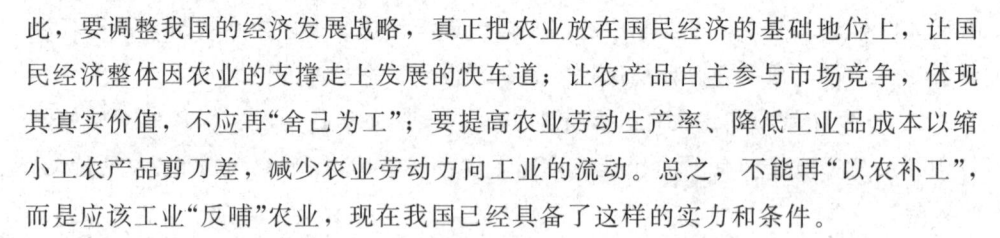

此，要调整我国的经济发展战略，真正把农业放在国民经济的基础地位上，让国民经济整体因农业的支撑走上发展的快车道；让农产品自主参与市场竞争，体现其真实价值，不应再"舍己为工"；要提高农业劳动生产率、降低工业品成本以缩小工农产品剪刀差，减少农业劳动力向工业的流动。总之，不能再"以农补工"，而是应该工业"反哺"农业，现在我国已经具备了这样的实力和条件。

（二）改革城乡分割的户籍制度

城乡分割的户籍管理制度人为地压制了社会对城镇人口的供给和需求，无法实现劳动力资源的合理优化配置，不仅挫伤了农民的感情和积极性，而且制约了整个国民经济的发展。虽然近几年我国一些地方对户籍制度进行了某些改革，也取得了一定成效，但是仍未改变与农民身份有关的相应制度，如教育制度、社会保障制度等，使农民仍然承受不起进城的负担。因此，应加快户籍制度改革，真正让户口只体现一个人的出生地，给进城的农民以同等的市民待遇，实现城乡之间劳动力的合理流动。

（三）改变向城市倾斜的社会保障制度

处于相对弱势地位的农民是最需要保障的群体，但我国的社会保障体系一直存在着重城镇、轻农村的现象。因此，在我国财力允许的情况下，应完善农村社会保障制度，包括实行基本养老保险制度，让农民老有所养，解除后顾之忧；实行农村医疗保险制度，改变目前日益严重的有病看不起、因病致贫、因病返贫的现象；实行最低生活保障制度，切实保障农村困难家庭的基本生活。这样农民才能安心于农业生产，也才能促进我国绿色农业市场经济可持续发展。

（四）健全农村金融体制

绿色农业要可持续发展，需要一定资金投入，但目前我国大多数农民手中几乎没有用于扩大再生产的资金，这就需要金融机构的大力支持，而我国现行的金融体制在信贷融资上对农民是不公平的，因此，应以促进绿色农业持续发展为出发点来改革现行的农村的金融体制。首先，要切实发挥农业银行的"支农"作用，包括把中国农业银行办成全面支持农业和农村经济的综合性银行，把农业发展银行办成真正支持农业发展、农业基础设施建设和农业结构调整的综合型政策性银行。其次，推进农村信用合作社改革，支持农村小额信贷机构的发展，解决农民贷款难的问题。最后，发展农业保险，逐步建立完善的农业保险体系，降低绿色农业发展的风险。

（五）优化社会阶层结构

人的需求和欲望是分层满足的，首先必须满足生存的需要，才能从事自身发展的活动。一个社会如果大多数人都在贫困线上挣扎，在为谋求生存而努力，那么整个社会和经济主要是为公民的生存而不是发展需要服务。没有个体的发展追求，社会的发展也就无从谈起。因此，可持续发展更是与整个社会的富裕程度以及社会的阶层结构状况密切相关。我国现在的社会阶层结构是在经济发展过程中自发形成的，与社会主义现代化建设的要求还不完全适应。我国现阶段的社会阶层结构是一个"葱头型"，即中低阶层过大，高中层还没有壮大，最高层和最底层都较小的结构，绝大多数民众都没有达到富裕的经济状况。而这样的社会阶层结构的主体部分基本是由农民构成的，农民是经济弱势群体，他们的生存性需求大，发展和享受性需求相对较弱，在拥有资源有限的情况下，他们倾向于把这些资源配置于满足他们生存需要的领域，而较少地考虑环境质量、精神享受、文化素质等方面的需求，而这些都是人类发展性的需要，与可持续发展有密切关系。失去了民众追求可持续发展的动力，可持续发展就无从实现。没有农民的支持和关注，绿色农业市场经济可持续发展将是一句空话。因此，要实现绿色农业市场经济可持续发展，就必须得到农民的支持，让可持续发展成为农民的自主需要，这样就必须要改变农民的贫困现状，改变我国现在的社会阶层结构，使农民阶层成为比较富裕的"中产阶级"。

二、法律保障措施

要实现绿色农业市场经济可持续发展，从根本上讲必须依靠法制。要广泛深入地宣传《中华人民共和国环境保护法》《中华人民共和国土地管理法》《中华人民共和国森林法》《中华人民共和国水法》《中华人民共和国水土保持法》《中华人民共和国草原法》《中华人民共和国野生动物保护法》等法律，不断提高全民的法制观念，形成全社会自觉保护环境、美化环境的强大舆论氛围。逐步建立健全以有关法律为基础、有关行政法规相配套的法律法规体系，依法保护和治理生态环境。各级政府、各有关部门在制定经济发展规划时，要把生态环境建设、绿色农业市场经济可持续发展作为重要内容统筹考虑，在经济开发和项目建设时，要严格执行有关生态环境方面的法律法规，项目设计要充分考虑对周围水体、土地、大气等环境因素的影响，并提出相应的评估报告，安排相应的环境建设内容。工程验收时，要同时检查保护生态环境措施的落实情况。要严格执法，强化法律监督，

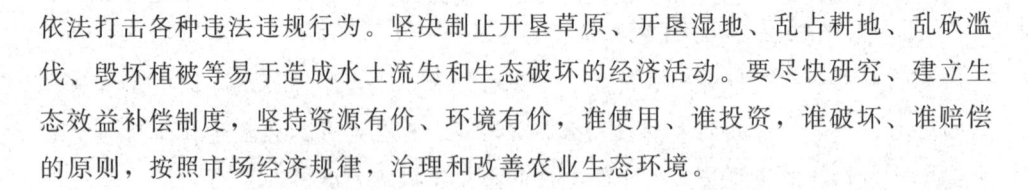

依法打击各种违法违规行为。坚决制止开垦草原、开垦湿地、乱占耕地、乱砍滥伐、毁坏植被等易于造成水土流失和生态破坏的经济活动。要尽快研究、建立生态效益补偿制度，坚持资源有价、环境有价，谁使用、谁投资、谁破坏、谁赔偿的原则，按照市场经济规律，治理和改善农业生态环境。

三、投入保障措施

增加投入是实现绿色农业市场经济可持续发展的基本保障，是应对经济全球化和我国加入世贸组织后我国农业可持续发展新形势的基本措施。建立适应新时期绿色农业市场经济可持续发展要求的投入机制，是实现我国绿色农业可持续发展的重大关键措施。长期以来，我国农业处于负保护状态，平均每年由农业部门转移到非农部门的资源或资金达1 400亿元，使本来生产资金就不足的农业雪上加霜。为此，政府应加大对绿色农业的投入，改变农业基础设施老化及建设滞后的状况，加大对农产品的补贴，尤其是在加入WTO后，农业处在不利的国际竞争环境中，更应加大直接补贴力度，增加绿色农业科研经费，实现"科教兴农"。在进一步增加财政拨款和贴息的同时，采取投资参股、资本金、担保和保险补助、投资项目建成后租赁、转让及出售等多种方式；对主要是社会效益、不易计算直接经济效益的项目，以及能够形成国家资产的项目，采取国家直接无偿投资的形式；对符合国家产业政策、具有示范价值和经济效益显著的建设项目，采取国家投资参股、资本金投入和担保、贴息等投资形式，也可以在项目建成后用资产租赁、转让和出售形式实现国家投资回报。国家应成立绿色农业政策性保险公司和政策性担保公司，由国家财政拨款补助保费。同时，政府应从社会公正的角度出发，厘清政府的公共职能，给农民公平的国民待遇，加大对农村道路、电力、水利设施、文教、广播电视等基础设施的投资，改善农民的生产条件和生活条件，这样才能促进绿色农业市场经济可持续发展。按照"谁投资、谁经营、谁受益"的原则，广泛吸引和鼓励社会上各类投资主体，积极向绿色农业市场经济发展项目投资。逐步建立节水农业、牧区育草、景观农业等生态公益基金，并切实用于绿色农业生态环境建设上。选择一批生态、社会、经济效益俱佳的工程项目上市，募集社会资金。各地、各有关部门要按照事权划分，对绿色农业市场经济可持续发展的投入做出长期安排。各级财政部门要将绿色农业市场经济可持续发展资金列入预算，与基本建设投资、财政支农资金、农业综合开发资金、扶贫资金等统筹安排，并逐年有所增长。金融部门要增加用于绿色农业市场经济可持续发展的贷款,并适当延长贷款偿还年限。

四、科技保障措施

尽快建立起与绿色农业市场经济可持续发展相适应的科技体系、管理机制与评价方法。加强适合我国国情的有关绿色农业市场经济可持续发展的理论与技术体系的研究。制定全国性及区域性集约持续绿色农业技术的评价指标体系。建设各级与集约化持续绿色农业相适应的科研组织体系、管理体系并逐步制定有关法规。将全国主要农业科学技术项目纳入可持续发展的绿色农业科研体系与网络之中。加强农业环境科学、农业生态系统、农业生态经济等可持续性基础学科的研究。制定可持续性绿色农业科学技术评估制度,对现有农业技术,从对资源利用率、产品产量和品质以及环境影响等方面定期进行可持续性评估,对于其中有利于可持续发展的技术,制定优惠政策加大推广力度,对于不利于可持续发展的技术,坚决淘汰,并制定相应的惩罚措施。加大节约资源、提高产量和品质、保护环境等方面农业技术的研究、开发和推广力度,积极开发绿色农业生物技术,以提供丰富安全的动植物食品。近期优先开展农作物防治病虫害节药技术、节能技术、节水灌溉及机械化旱作农业技术、草地病虫鼠害测报及综合防治技术、绿色农产品生产技术、有机肥的积造与施用技术的推广与培训等。建立健全广泛、有效的绿色农业技术推广体系,充分发挥县一级农业技术推广中心的作用,加强绿色农业技术推广、服务站点和网络的建设,造就一支高素质的绿色农业市场经济可持续发展方面的技术人才队伍。

第七章
绿色农业发展的新挑战与新思路

第一节　我国绿色农业发展的挑战与趋势
第二节　我国绿色农业发展的新思路

农业市场结构与绿色农业发展探究

中国作为一个农业大国,有着庞大的农业产业和庞大的农业人口,因此也面临着绿色农业的发展现实挑战与创新思路。绿色农业是一个综合性的农业发展模式,同时也是国家重点的发展战略。本章通过分析我国绿色农业发展的挑战与趋势与我国绿色农业发展的新思路来进一步探索绿色农业的发展路径。

第一节 我国绿色农业发展的挑战与趋势

一、我国绿色农业发展所面临的挑战

自 1978 年改革开放以来,我国在粮食生产方面取得了巨大进展,为降低世界营养不良做出了重要贡献。中国粮食产量从 1978 年的 3 亿 t 增长到 2015 的 6.2 亿 t(图 7-1),人均粮食占有量从不到 300kg 到 2015 年高达 400kg。我国利用 9% 的耕地,养活了世界 22% 的人口,饥饿和绝对贫困问题基本消失,成为世界第一个实现千年发展目标的国家。

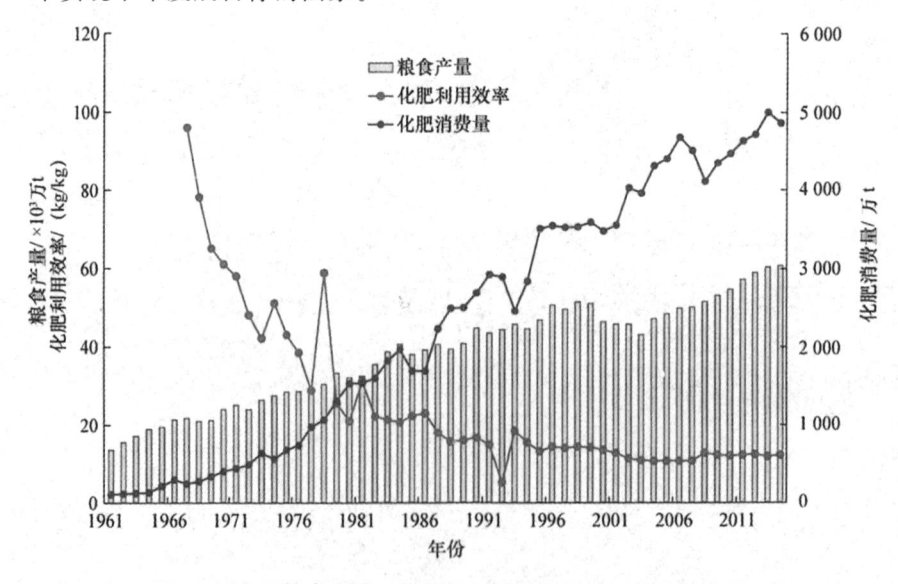

图 7-1 中国粮食产量、化肥投入量和化肥利用效率的变化

化学投入品的使用为我国粮食增产及农业发展做出了巨大贡献。我国已成为世界上最大的化肥使用国,占世界化肥使用量的 35%,同时,我国每年农药的使用量约为 118 万 t,受农药污染耕地有 1 300 万~1 600 万 hm^2,占全国耕地

第七章 绿色农业市场经济可持续发展

10%以上，主要集中在经济发达地区。化学投入品，尤其是化肥过量使用，但有效利用率不足，造成部分区域土壤质量明显退化，限制农产品质量提升。重施化肥、轻施甚至不施有机肥，使土壤有机质积累缓慢。我国土壤有机质平均含量为1.8%，仅为发达国家的1/2。土壤板结、酸化、生物网络失衡，土壤健康问题无法保障，退化耕地阻控及耕地质量提升已成为我国新时期的重大需求。

与此同时，我国水资源也面临着严峻的挑战。2012年统计结果显示，我国人均水资源量只有$2007m^2$，仅为世界人均水平的25%，目前全国城市中有约三分之二缺水，约四分之一严重缺水。农业灌溉消耗了我国60%的可利用水资源，但用水效率仅为30%~40%，远低于发达国家70%~80%的水平。在华北地区，过度开采地下水资源导致地下水位不断下降，包括浅层漏斗和深层漏斗在内的华北平原复合地下水漏斗面积超过7万km^3。

同时，集约化农业生产高度依赖化学投入品，消耗了大量化石能源，它是固体颗粒物、温室气体排放的主要来源，成为雾霾以及全球气候变暖的主要因素之一。农业机械化的发展带动柴油、汽油、电力等动力大量消费，带来大量直接能源消耗。生产、运输化肥、农药等农业投入品也间接消耗大量能源。数据表明，生产单位农产品的能源消费有37%是在生产、运输过程中产生的。在中国，每年生产化肥消耗的能源占全国总能源消耗的5%。以大量使用化肥、高度机械化为主要特征的现代农业模式更应被称之为"石油农业"农业还是最大的水污染源之一。过量施用氮肥在导致土壤酸化的同时，也引发了地下水硝酸盐超标。与此同时，农业是最大的废水生产部门，在农业生产过程中，大量农用化学品、有机物、沉积物和盐排入水体中是造成水体污染的罪魁祸首，这种污染影响了数十亿人，每年造成的损失超过数十亿美元。

随着农业资源环境问题的凸显，绿色发展成为农业发展的主流。绿色是农业永续发展的必要条件。自农耕时代起，人们就依托赖以生存的自然资源，发展种植、养殖和农副产业，利用秸秆资源发展畜牧业，利用畜禽粪便还田以培肥地力，开展休耕轮作让土地休养生息。在农业生产过程中，形成了一个个利用自然、涵养自然的生态微循环，也逐渐树立了"顺应自然""天人合一"的绿色文明观。但随着人口增长、专业化分工和社会化大生产的出现，人们不得不大范围、大规模、高强度开发耕地等自然资源，以支撑快速增长的工业化城镇化对农产品的需求，但"石油农业""白色农业"的出现加剧了农业面源污染和生态环境退化的趋势。我国的农业农村发展迫切需要以绿色理念为引领，以绿色保护为基础，以绿色科技为支撑，以绿色供给为目标，以绿色政策为保障，共同推进现代农业的永续发展。

党的十八大以来，尤其是以十八届五中全会提出五大新发展理念为标志，我国开启了全面高质量发展的新纪元，绿色理念正在融入乡村振兴战略，极大地促进农业生产方式加快转变。我国农业农村正在进入高质量发展新阶段，对绿色优质农产品的新需求，对生态宜居乡村的新期盼，对加快农业农村现代化进程的新要求快速增长。党的十九大报告指出："坚持人与自然和谐共生。建设生态文明是中华民族永续发展的千年大计。"这一要求也为转变农业发展方式，促进产业转型升级，全面推进农业供给侧结构性改革指明了行动方向，确立了基本遵循。我们要深刻理解绿色农业发展的深刻要义和时代特征，明确支持绿色农业发展的重大政策和战略举措，加快培育和形成农业绿色生产方式与农村绿色生活方式。

二、我国绿色农业发展的必然趋势

实现可持续发展已成为全球的当务之急。尽管现代农业的成就斐然，但高产品种和与之相关的化肥农药大量施用导致的环境污染也招致了一些批评，农业面源已成为中国重要的污染源。农业是整个社会经济的基础，是最接近"绿色"的产业，绿色农业发展是整个经济社会绿色发展的一部分，为落实绿色发展新理念提供了基本支撑。

绿色农业发展有助于实现系统内的物质循环，经济价值最大化。美国于20世纪80年代初提出了"可持续农业"，不仅强调通过生态循环，尽可能减少化工产品，如化肥、农药、添加剂等的使用，节约资源、降低成本，而且强调遵循农业循环经济3R原则(减量化、再利用、再循环)，对农业生产要素进行统筹规划和系统开发利用，提高农产品质量，增加农民收益。日本于20世纪90年代初制定了"环境保全型农业"的发展目标，主张发挥农业特有的物质循环机能，注重与生产效率的协调，减轻由于使用化学肥料和农药而造成的环境负荷。

绿色农业发展有助于多目标的协同实现。传统的农业生产发展方式只解决单一问题，旧有的理念、技术、标准已不可持续。我们必须找到稳定农业生产和生态环境保护协同的结合点，其根本出路是绿色农业发展。与以往专注于强调农业的生产功能，以及强调单一的农业面源污染防治的政策导向相比，绿色农业发展战略更多地强调综合发挥农业的生产、环境、文化等多种功能，是在展方式，是从农业投入以及农产品生产、加工、流通、消费等全过程的绿色化。

第七章　绿色农业市场经济可持续发展

　　绿色农业发展有助于构建系统的科学研究方法论。绿色农业发展关注的对象不仅局限于农业生产系统，而且涉及整个农业和食物系统。绿色农业发展的跨学科研究创新将侧重于理解不同子系统之间物质、能量、信息和价值流的耦合机制，特别是在四个界面：水土—空气系统、植物—土壤系统、动物—作物生产系统和绿色生产和消费系统。绿色作物生产平台，致力于创制绿色生产资料投入品，全程精准控制绿色生产过程，土壤健康，生产绿色优质农产品；绿色种养一体化平台，致力于绿色优质饲料生产，绿色动物养殖过程的管理，废弃物处理与循环利用；绿色产品与产业平台，致力于绿色优质产品与营养健康，绿色产业、农业物联网与智能工程，农业培训教育与服务产业；绿色生态环境平台，致力于水—土—气污染控制，农业农村生态环境监测系统及优化工程，生态环境建设工程与技术。

　　国际上，绿色农业发展以不同的形式出现，例如欧盟倡导的"多功能农业"强调农业除了传统的生产功能外，还具有社会功能和保护环境功能。法国、荷兰等国以多功能农业为导向修改了其原有的农业支持政策。韩国的"亲环境农业"以农业与环境协调发展为理念，提出两大基本目标：一是通过确立适宜于区域条件、农民经营规模、农作物特点的亲环境农业体系，提高农民收入，保障农产品安全；二是通过确立农产、畜产、林产相联系的自然循环农业体系，保护农业环境，增进农业的多元性公益职能。中国农业大学发起的科技小院是践行绿色农业发展的典型模式，2018年，内蒙古自治区杭锦后旗被列为国家农业可持续发展试验示范区暨全国全域绿色发展先行先试区，优越的光热资源、特殊的气候和便利的引黄自流灌溉条件为杭锦后旗农业发展提供了得天独厚的优势，但土壤盐碱化普遍、水资源利用率低、农业面源污染严重等问题，一直成为制约当地绿色农业发展的重要因素。为深入推进绿色农业发展、加快建设现代农业，切实增加农民收入，杭锦后旗高度重视"科技小院"的建设，最终依据杭锦后旗不同产业、不同地理位置和不同技术需求，确定了头道桥镇联增村全域种植业绿色生产、三道桥镇和平村西甜瓜特色产业、蛮会镇红星村向日葵标准化生产、蒙海镇西渠口村玉米面源污染、双庙镇尖子地村小麦提质增效和陕坝镇春光村设施农业和特色果蔬建设6个急需科技支撑的"科技小院"，带动六大产业全面发展。

　　世界人口数量在21世纪还将持续增长，中国推进绿色农业发展，也将为世界农业可持续发展贡献中国方案。中国是世界上最大也是最具经济活力的发展中国家，2019年中国人均GDP首次超过1万美元，这既是对世界经济发展的巨大贡献，也使国际社会对中国为实现全球可持续发展目标贡献力量寄予更多期待。在此背景下，保护和提升耕地地力，避免过度消耗资源环境，实施粮食产业的绿色转型升级，实现农业生产的可持续，对于全球范围内实现可持续发展目标(SDGs)意义重大。因此，中国在新时代背景和新的国际环境下提出的绿色农业发展道路，可以为其他发展中国家贡献中国经验，为世界农业可持续发展提供中国方案。

正如习总书记所说：建设绿色家园是人类的共同梦想。绿色发展只有起点没有终点，中国在建设美丽中国的同时，还将携手世界各国，共同维护全球生态安全，共同建设天蓝、地绿、水净的美丽世界，一起走向生态文明新时代。

第二节 我国绿色农业发展的新思路

一、绿色农业发展前景

绿色农业作为一种可持续发展的农业模式，具有广阔的发展前景。绿色农业的发展可以提高农产品的品质和安全性，满足人们对绿色食品的需求。同时，绿色农业还可以促进农村经济的发展，提高农民的收入水平，推动农村产业结构的升级。

绿色农业的发展还可以推动农业现代化的进程。随着科技的不断进步，绿色农业将会更加智能化和高效化，为农业生产提供更多的技术支持。绿色农业也将促进农业与其他产业的融合发展，推动农业产业链的延伸和农村一二三产业的协同发展。

绿色农业作为一种以生态环境保护为前提的农业发展模式，具有重要的意义和广阔的前景。通过推动有机农业的发展、农业资源的综合利用、农业生态系统的建设等手段，可以实现农业的可持续发展，促进农村经济的发展和农民收入的增加。同时，绿色农业的发展还可以推动农业现代化进程，促进农业与其他产业的融合发展。相信在全社会的共同努力下，绿色农业必将迎来更加美好的未来。

二、智慧农业为绿色农业发展提供新思路

自2014年以来，国家多个部门先后发布了十几个利好农业改造的政策，农

第七章　绿色农业市场经济可持续发展

业农村部提出到2020年中国农业要实现"一控两减三基本";国务院下发《土壤污染防治行动计划》。"十三五"规划牢固树立和贯彻落实创新、协调、绿色、开发、共享的发展理念,以提高发展质量和效益为中心,这为我国绿色农业发展提出了更高要求。

随着多项国家政策的推进,越来越多互联网巨头及农企开始涉足智慧农业,探索人工智能、物联网技术及农业大数据在行业中的应用,推动行业向精细化、智能化、产业化方向发展。投资者也正趋之若鹜地将资金投入农业科技,截至2018年,农业科技共投资209笔交易,总资本为16亿美元,后期交易规模中值升至1,000万美元。

面对国家的迫切要求和当前环境的严峻局势,智慧农业的出现和发展明显为正在探索的绿色农业发展提供了新的思路。

智慧农业通过将农田、畜牧养殖场、水产养殖基地等生产单位和周边的生态环境视为整体,并对其物质交换和能量循环关系进行系统、精密运算,保障农业生产的生态环境在可承受范围内,如定量施肥不会造成土壤板结,经处理排放的畜禽粪便不会造成水和大气污染,反而能培肥地力等。极大地节约化肥、水、农药等投入,把各种原料的使用量控制在非常准确的程度,让农业经营像工业流程一样连续地进行,从而实现规模化经营。

而它基于精准的农业传感器进行实时监测,利用云计算、数据挖掘等技术进行多层次分析,并将分析指令与各种控制设备进行联动完成农业生产、管理。这种智能机械代替人的农业劳作,不仅解决了农业劳动力日益紧缺的问题,而且实现了农业生产高度规模化、集约化、工厂化,提高了农业生产对自然环境风险的应对能力,使弱势的传统农业成为具有高效率的现代产业,显著提高了农业生产经营效率。

智慧农业完善的农业科技和电子商务网络服务体系,使农业相关人员足不出户就能够远程学习农业知识,获取各种科技和农产品供求信息。专家系统和信息化终端成为农业生产者的大脑,指导农业生产经营,改变了单纯依靠经验进行农业生产经营的模式,彻底转变了农业生产者和消费者对传统农业落后、科技含量低的观念。另外,智慧农业阶段,农业生产经营规模越来越大,生产效益越来越高,迫使小农生产被市场淘汰,必将催生以大规模农业协会为主体的农业组织体系。

未来,智慧农业将会实现更完备的信息化基础支撑、更透彻的农业信息感知、更集中的数据资源、更广泛的互联互通、更深入的智能控制。智慧农业是我国农业未来的发展方向，如同在金融服务、医疗保健、交通运输、制造业和其他行业中一样，将正确的数据带到管理农业运作的决策，必将引领农业的一场革命。

参考文献

[1]段景田,段博俊.绿色农业发展研究[M].北京:中国农业出版社,2017.

[2]刘连馥.中国绿色农业发展报告2021[M].北京:中国农业出版社,2022.

[3]季明川著.资源环境与绿色农业发展[M].北京:中国农业出版社,2018.

[4]袁建伟,晚春东,肖维鸽,等.中国绿色农业产业链发展模式研究[M].杭州:浙江工商大学出版社,2018.

[5]魏琦,金书秦,张斌.助绿乡村振兴:农业绿色发展理论、政策和评价[M].北京:中国发展出版社,2019.

[6]王凡.生态农业绿色发展研究[M].北京:社会科学文献出版社,2018.

[7]崔海霞,宗义湘.欧盟与美国农业绿色发展支持政策比较研究[M].北京:中国财政经济出版社,2021.

[8]严立冬,李秋洪,董文忠.绿色农业发展与新农村建设[M].北京:中国财政经济出版社,2007.

[9]高丁石,潘占社,李作明,等.农业绿色发展关键问题与技术[M].北京:中国农业科学技术出版社,2018.

[10]金赛美.供给侧改革背景下农业绿色发展评价指数研究[M].北京:经济管理出版社,2018.

[11]林卿,张俊飚.生态文明视域中的农业绿色发展[M].北京:中国财政经济出版社,2012.

[12]唐亮.浅谈绿色农业的发展[J].农家科技(中旬刊),2021(5):199.

[13]李木子.绿色农业发展综述[J].农村百事通,2021(21):82-83.

[14]王翠玉,于霏.山东省绿色农业发展探索[J].合作经济与科技,2023(8):41-43.

[15]董虹. 安康绿色农业发展现状与对策分析[J]. 中国集体经济, 2023(7): 5-8.

[16]孙相勋. 绿色农业发展路径分析[J]. 农家科技(下旬刊), 2021(5): 256-257.

[17]王景利. 我国绿色农业发展进程分析[J]. 金融理论与教学, 2022(6): 28-30.

[18]王琦芸. 农业补贴对绿色农业发展的影响[J]. 农村经济与科技, 2022(2): 94-96.

[19]冯世勇, 王馨, 等. 论绿色农业发展的有效路径[J]. 农产品质量与安全, 2022(2): 17-19.

[20]周锡勇, 吴定凤. 冕宁县绿色农业发展的现状与对策[J]. 农村科学实验, 2022(5): 88-90.

[21]高永祥. 绿色农业发展研究: 述评与展望[J]. 金陵科技学院学报(社会科学版), 2022(3): 9-15.

[22]李蒙. 有关绿色农业发展研究的文献综述[J]. 农村经济与科技, 2022(14): 26-28.

[23]孙梦梦. 安康市绿色农业发展研究[J]. 合作经济与科技, 2022(4): 60-61.

[24]刘冬梅. 中国农业结构的形成、演变与调整建议[J]. 农村·农业·农民, 2021(6): 44-45.

[25]齐金香, 张洪斌. 农业机械技术推广与农业结构调整[J]. 农民致富之友, 2021(23): 140.

[26]黄鸿华. 农业机械技术推广与农业结构调整研究[J]. 农村科学实验, 2023(4): 52-54.

[27]杨玉花. 农业结构调整存在的主要问题与对策[J]. 农民致富之友, 2020(2): 243.

[28]范东寿. 农业技术进步、农业结构合理化与农业碳排放强度[J]. 统计与决策, 2022(20): 154-158.

[29]赵娜. 关于粮食安全与农业结构调整的相关探讨[J]. 种子科技, 2022(13): 142-146.

[30]狄雅肖, 耿海清, 傅尧. 基于SWOT分析农业结构调整的环保制度保

障[J]. 热带农业工程，2022(3)：33—37.

　　[31]金书秦，牛坤玉，韩冬梅. 农业绿色发展路径及其"十四五"政策取向[J]. 改革，2020，312(2)：31—40.